脱贫攻坚与乡村振兴衔接研究丛书

脱贫攻坚
与乡村振兴衔接
产业

中国扶贫发展中心
全国扶贫宣传教育中心 组织编写 / 刘杰 等著

人民出版社

导　读

　　打赢脱贫攻坚战、实施乡村振兴战略，产业是支撑。本书详细阐述了乡村产业振兴的理论蕴含、脱贫攻坚与乡村产业振兴衔接的背景，并围绕国务院印发的《关于促进乡村产业振兴的指导意见》对乡村产业发展思路和路径的纲领性规定，从培育壮大乡村特色产业、优化乡村产业空间结构、促进乡村产业融合发展、推进质量兴农绿色兴农、推动乡村创新创业升级、优化乡村产业发展环境等方面，深入分析和论述了脱贫攻坚与乡村振兴在产业领域有效衔接的逻辑和路径。

　　全书共七章。

　　第一章"导论"，主要论述脱贫攻坚与乡村产业振兴有效衔接的社会背景、乡村产业振兴的内涵以及实现二者有效衔接的逻辑、路径和意义。

　　第二章"培育壮大乡村特色产业"，主要论述促进乡村产业振兴应该"抓什么"的问题。包括做强现代种养业，做精乡土特色产业，提升农产品加工流通业，优化乡村休闲旅游业，培育乡村新型服务业，发展乡村信息产业。

第三章"优化乡村产业空间结构"，主要论述促进乡村产业振兴应该"怎么摆布"的问题。包括强化县域统筹，推进镇域产业聚集，促进镇村联动发展，支持贫困地区产业发展。

第四章"促进乡村产业融合发展"，主要论述促进乡村产业振兴应该"怎么抓"的问题。包括培育多元融合主体，发展多类型融合农业业态，打造农业产业融合载体，构建利益联结机制。

第五章"推进质量兴农绿色兴农"，主要论述促进乡村产业振兴应该"抓出什么效果"的问题。包括健全绿色质量标准体系，大力推进标准化生产，培育提升农业品牌，强化资源保护利用。

第六章"推动乡村创新创业升级"，主要论述促进乡村产业振兴"动能是什么"的问题。包括强化科技创新引领，促进农村创新创业。

第七章"优化乡村产业发展环境"，主要论述促进乡村产业振兴"有什么真金白银"的问题。包括健全财政投入机制，创新乡村金融服务，有序引导工商资本下乡，完善用地保障政策，健全人才保障机制。

目 录
CONTENTS

第一章

第一章

导论

第一节 脱贫攻坚与乡村产业振兴 有效衔接的社会背景

一、脱贫攻坚取得决定性进展

新中国成立以来，党和政府坚持全心全意为人民服务的根本宗旨，坚持以人民为中心的发展思想，带领全国各族人民持续向贫困宣战。2015年，中央扶贫开发工作会议在北京召开，习近平总书记强调，消除贫困、改善民生、逐步实现共同富裕，是社会主义的本质要求，是我们党的重要使命。全面建成小康社会，是我们对全国人民的庄严承诺。脱贫攻坚战的冲锋号已经吹响。我们要立下愚公移山志，咬定目标、苦干实干，坚决打赢脱贫攻坚战，确保到2020年所有贫困地区和贫困人口一道迈入全面小康社会。脱贫攻坚事关全面建成小康社会、事关人民的福祉、事关党的执政基础以及国家的长治久安，是我国为实现到2020年全面建成小康社会的战略目标组织开展的一项具有战略性意义的历史性工程，是促进全体人民共享改革发展成果、实现共同富裕的重大举措。当前，脱贫攻坚已经进入了决战决胜、攻城拔寨的关键时期。2019年，在第六个国家扶贫日到来之际，习近平总书记再次对脱贫攻坚工作作出重要指示。他强调，党的十八大以来，党中央把脱贫攻坚摆到更加突出的位置，打响脱贫攻坚战，全党全国上下同心、顽强奋战，取得了重大进展。困扰中华民族几千年的绝对贫困问题即将历史性地得到解决，这将为全球减贫事业作出重大贡献。① 当前，脱贫攻坚已到了决战决胜、全面收官的关键阶段，各地区各部门务必咬定目标、一鼓作气，坚决攻克深度贫困堡垒，着力补齐贫困人口义务教育、基本医疗、住房和饮水安全短板，确保农村贫困人口全部脱贫，同全国人民一道迈入小康社会。要采取有效措施，巩固拓展脱贫攻坚成果，确保高质量打赢脱贫攻坚战。

脱贫攻坚的目标是：到 2020 年，稳定实现农村贫困人口不愁吃、不愁穿，义务教育、基本医疗和住房安全有保障。实现贫困地区农民人均可支配收入增长幅度高于全国平均水平，基本公共服务主要领域指标接近全国平均水平。确保我国现行标准下农村贫困人口实现脱贫，贫困县全部摘帽，解决区域性整体贫困。2020 年是脱贫攻坚的收官期，而我国扶贫工作的开展也到了啃硬骨头、攻坚拔寨的冲刺期。如何保持脱贫工作的良好态势，确保脱贫目标的实现，不让任何一个贫困地区以及贫困人口在全面建成小康社会征程中落伍掉队，成为当前脱贫攻坚的难题。

党的十八大以来，在习近平总书记关于扶贫工作重要论述的指引下，我国的脱贫攻坚取得了巨大成就。一方面，现行标准下农村贫困人口从 2012 年的 9899 万人减少到 2018 年的 1660 万人，累计减少 8239 万人，连续 6 年每年减贫 1000 万人以上，贫困发生率由 10.2% 降至 1.7%，创造了我国减贫史上的最好成绩，而且改变了以往新标准实施后减贫人数逐年递减的趋势。全国 832 个贫困县已有 436 个宣布摘帽，历史性地减少了贫困县规模。东部地区基本实现了脱贫摘帽，中西部地区贫困人口明显下降。另一方面，脱贫攻坚工作统揽了贫困地区经济社会的发展大局，贫困县的平均国内生产总值与全国平均水平相比高出了 2 个多百分点，经济社会发

---

① 习近平：《咬定目标　一鼓作气　确保高质量打赢脱贫攻坚战》，2019 年 10 月 17 日，见 http://news.eastday.com/eastday/13news/auto/news/china/20191017/u7ai8866084.html。

展进程明显加快。产业扶贫、旅游扶贫、电商扶贫、光伏扶贫等帮扶措施促进了贫困地区新业态的发展及特色优势产业的培育，激发了贫困地区的内生动力和发展活力。异地搬迁、生态扶贫、退耕还林等多样化扶贫举措的实施，有力改善了贫困地区的生产和生活环境。此外，贫困地区农村居民收入保持快速增长，消费水平稳步提升。2012 年，全国农村居民人均收入和消费水平分别比 1978 年实际增长了 11.5 倍和 9.3 倍。2018年，贫困地区农村居民人均可支配收入 10371 元，是 2012 年的 1.99 倍，年均增长 12.1%；扣除价格因素，年均实际增长 10.0%，比全国农村平均增速快 2.3 个百分点，与全国农村平均水平的差距进一步缩小。基础设施和公共服务设施的集中建设并投入使用，使贫困地区生活环境明显改善，群众生活质量全面提高。[①] 与此同时，中国的脱贫攻坚还取得了重大的间接效益，产生了溢出效应，主要体现在各类制度和政策层面，以及动员体系等各个方面。

二、乡村产业振兴有着深厚社会基础

乡村是一个具有自然、社会、经济特征的地域综合体，兼具生产、生活、生态、文化等多种功能。乡村与城镇共生共存、相互促进，共同构建起人类生产生活的主要地域空间。而无论是传统社会还是现代社会，农业自古以来就是发展国民经济的基础，其基础作用主要体现在农业是老百姓的衣食之源、生存之本，在社会发展中发挥着重要的"稳定器"作用，关系着整个国家经济的稳定增长，是我国经济发展、社会稳定和国家自立的基础。我国是一个农业大国，农村人口所占的比重依然很大，农业生产的

---

① 黄承伟：《中国减贫理论新发展对马克思主义反贫困理论的原创性贡献及其历史世界意义》，《西安交通大学学报》(社会科学版) 2020 年第 1 期。

发展直接关系广大农民生活水平和生活质量的提高，关系本世纪末能否达到小康水平。可以说，农业农村农民问题是关系国计民生的根本性问题，始终是中国革命和建设的重要方面。因此，在当前全面建成小康社会和打赢脱贫攻坚战的过程中，必须高度重视农业农村农民的发展问题。

当前，我国城乡经济发展极不平衡，城乡二元分化比较严重。一方面，在社会快速转型以及全球化进程不断加快的冲击下，中国乡村社会已经受到费孝通所说的"损蚀冲洗"，尤其是西部地区的农村，由于产业单一、社会经济建设落后、环境恶劣、公共服务投入不足、农产品供需失衡以及质量低下等原因，大量劳动力从农村转到城镇，从农业转为非农业，农村种地的人越来越少，农村产业逐渐衰退，农村经济止步不前，造成大量荒芜村庄、留守村庄、"空巢"村庄、老人村庄的出现。另一方面，改革开放 40 多年来，虽然我国农业发展也取得了举世瞩目的成就，但是农业产业也面临着资源环境约束、生产成本高、贸易保护主义升温等问题。农村及农村产业的严重滞后，必定会成为我国全面建成小康社会、打赢脱贫攻坚战、实现共同富裕征程上的"绊脚石"。"三农"问题是关系国计民生的根本性问题，必须采取多种措施予以解决，必须始终将其作为全党工作重中之重。"乡村兴则国家兴，乡村衰则国家衰"，大国小农的基本国情以及当前我国农村发展过程中存在的诸多问题，共同决定了乡村振兴的必然性，实施乡村振兴战略就成为实现全体人民共同富裕的必然选择。

实行乡村振兴战略是我国继提出建设"社会主义新农村"之后又一个有利于全方位解决农业农村农民问题的具有划时代意义的重大发展战略，在一定意义上也是社会主义新农村建设的延续。习近平总书记指出，农业农村现代化是实施乡村振兴战略的总目标，坚持农业农村优先发展是总方针，产业兴旺、生态宜居、乡风文明、治理有效、生活富裕是总要求，建立健全城乡融合发展体制机制和政策体系是制度保障。[①]

改革开放以来，以经济建设为中心作为改革的起始点和落脚点，是党的基本路线的要求。同样，在乡村振兴战略中，把"产业振兴"放在首位，意味着乡村振兴战略仍然坚持以经济建设为中心，坚持党的基本路线。习近平总书记在海南等地考察时多次强调"乡村振兴，关键是产业要振兴"。乡村振兴中的产业兴旺是以农业农村为基础的产业兴旺，具有重要意义。

通过产业兴旺，推动我国农业从传统农业向现代农业转变，这是农业增长的关键所在。"民以食为天"，大力发展种植业、养殖业，推动种植业、养殖业实现现代化发展，有利于解决14亿中国人民的温饱问题，让老百姓吃得好、吃得饱、吃得放心，实现"餐桌上的安全"，让"中国人的饭碗任何时候都要牢牢端在自己的手上。我们的饭碗里应该主要装中国粮"[②]。要强化科技兴农、生态农业、智慧农业，确保18亿亩耕地红线不能破，从根本上解决中国的粮食安全以及供应问题。

当前，越来越多的农村青壮年外出打工，到城市谋生，主要原因是农村产业结构单一、农村产业发展比较落后。通过产业兴旺，可以促进农村一二三产业的融合发展，提高农村的吸引力和竞争力，吸引大量的农村青年返乡，甚至能够吸引城市青年投身于农村、扎根于农村，让农村重新焕发活力。

对于农民来说，产业兴旺的直接意义和作用，就是能够通过拓宽就业渠道，增加农民的就业岗位，进而使农民的钱袋子"鼓起来"，使农民的

---

① 全国干部培训教材编审指导委员会组织编写：《新时代　新思想　新征程》，人民出版社、党建读物出版社2019年版，第146页。

② 习近平：《饭碗要端在自己手里》，2015年8月25日，见 http://www.xinhuanet.com//politics/2015−08/25/c_128164006.htm。

生活更有保障，提高农民的幸福感和获得感。此外，产业兴旺还能带动当地经济收入的增加，使政府能有足够的资金加大对当地教育、医疗、卫生等公共领域的投入，这对农民接受公共服务、维护公共服务、支持公共服务具有很好的促进作用。

产业兴旺还有利于促进生态宜居建设，有利于建设乡风文明，有利于推进乡村治理。经济上的落后使得当今部分农村依旧保持着原始的"刀耕火种""砍柴烧煤"等生活习惯，对当地的生态环境造成了严重破坏。要通过产业兴旺增加农民的收入，使得农民更加重视当地的生态环境问题，贯彻"绿水青山就是金山银山"的生态环境治理理念，改变传统的耕作方式和生活方式，努力建成宜居宜业更宜人的新农村。物质文明是精神文明的基础，俗话说"衣食足而知荣辱"，如果物质条件都保障不了，精神文明的发展必然受到限制。通过乡村产业振兴，农民的生活和工作都有了保障，农民和政府才有力量投身于社会主义新农村建设，加大对文化产业和文化事业的投入力度，更好地建设乡风文明。此外，只有农民的生活和工作都有了保障，乡村秩序才能变得更加稳定，乡村治理也才能平顺有效。

三、脱贫攻坚与乡村产业振兴有效衔接是时代发展要求

脱贫攻坚和乡村振兴，是我国为实现"两个一百年"奋斗目标确定的两大全国性重大战略行动，是关系我国改革发展尤其是广大农村发展的两大重要战略性部署。我国是一个拥有十几亿人口的国家，农村人口占全国人口的70%左右。习近平总书记在党的十九大报告中指出："中国特色社会主义进入新时代，我国社会主要矛盾已经转化为人民日益增长的美好生活需要和不平衡不充分的发展之间的矛盾。"[1] 当前我国发展最大的不平

---

[1] 习近平：《决胜全面建成小康社会 夺取新时代中国特色社会主义伟大胜利——在中国共产党第十九次全国代表大会上的报告》，人民出版社2017年版，第11页。

衡、不充分就是在农村，因此无论是脱贫攻坚还是乡村产业振兴，其工作重点均在农村。由于城镇化不断推进等原因，城乡差距、工农差距、地区差距不断拉大。我国农村贫困人口规模依然较大，且减贫难度更大；农村社会建设依然落后，全面建成小康社会和共同富裕目标的实现仍然面临农村经济社会发展不充分、城乡发展不平衡等诸多挑战。脱贫攻坚与乡村产业振兴都是为了实现"两个一百年"奋斗目标而提出的重大战略决策，两者在时间上存在先后，但同时也存在交汇期，目标也具有一定的衔接性，且两者的着力点和中心点都在农村，因此需要把两者衔接起来。

把产业发展与扶贫工作结合起来的"产业扶贫"是贫困地区和人口实现根本脱贫和长久脱贫的基本方法和路径。进入 21 世纪以来，我国把开发扶贫作为反贫困工作的重要抓手，并且投入了越来越多的资源。这一时期反贫困计划的资金主要用于投资和发展产业，因此开发式扶贫常常也被称为"产业扶贫"，这一极具中国特色的概念的提出，也标志着国家扶贫政策实现了从"输血"到"造血"的变迁。[1]一方面，我们要坚决打赢脱贫攻坚战，解决农村农民的绝对贫困问题，实现农村农民的"两不愁、三保障"；另一方面，要想巩固和深化脱贫攻坚成果，更进一步解决农村农民贫困问题，推动城乡迈向更高水平的共同富裕，必须实行以"产业兴旺"为基础的乡村振兴战略。解决农村的贫困问题是一项长期的历史任务，虽然当前我国在脱贫攻坚方面已取得了举世瞩目的成就，但是我们必须认识到我们即将消除的只是绝对贫困问题，2020 年后的相对贫困治理对于党和政府而言，依然是个严峻的挑战。为了避免"贫困反弹""二次贫困"以及及早应对 2020 年后相对贫困的治理问题，我们需要建立稳定脱贫的长效机制，建立一种将扶贫脱贫与乡村振兴衔接起来的"桥梁"，

---

① 王春光：《反贫困与社会治理专题研究》，《中共福建省委党校学报》2015 年第 3 期。

以此巩固和深化脱贫攻坚战成果，带领城乡人民一同迈向更高水平的共同富裕以及小康社会。2018 年 6 月《中共中央 国务院关于打赢脱贫攻坚战三年行动的指导意见》明确提出，要统筹衔接脱贫攻坚与乡村振兴，以乡村振兴巩固脱贫成果；同年 9 月，中共中央、国务院印发了《乡村振兴战略规划（2018—2022 年）》，要求"把打好精准脱贫攻坚战作为实施乡村振兴战略的优先任务，推动脱贫攻坚与乡村振兴有机结合相互促进"。乡村振兴战略作为"全体人民共同富裕的必然选择"，为巩固和深化脱贫攻坚成果、迈向更高水平共同富裕提供了历史性的机遇。要实现农村振兴，发展农村经济，解决"三农"问题，其基础在于改善农村的经济状况，所以发展农村经济的乡村产业振兴就成了关键所在，这也就不难理解为什么"产业振兴"会成为乡村振兴的首要目标。

第二节　如何理解乡村产业振兴

党的十九大报告把乡村振兴战略与科教兴国战略、人才强国战略、创新驱动发展战略、区域协调发展战略、可持续发展战略、军民融合发展战略并列为党和国家未来发展的"七大战略"，足见对其高度重视。作为国家战略，它是具有全局性、长远性、前瞻性的国家总布局，是国家发展的核心和关键问题。在乡村振兴中，产业兴旺、生态宜居、乡风文明、治理有效、生活富裕这 20 个字是其总要求，农业农村现代化是其总目标。长期以来，一方面，我国农村在社会转型和全球化的"损蚀冲洗"下，出现产业单一、经济社会建设落后的局面，"贫穷落后"成为农村的代名词；另一方面，我国农村也面临着资源环境约束、生产成本高、贸易保护主义升温等问题。现实告诉我们，实现乡村振兴的战略目标并不能也不可能一蹴而就。有学者指出，当前我国实现乡村振兴应该分三步走：第一步，推进农村精准扶贫，实现农村全面脱贫；第二步，进行乡村重建，恢复乡村社会经济功能；第三步，进行社会创新，实现乡村社会现代化。[①] 在这三步走里，脱贫攻坚对应的是第一步，乡村振兴战略对应的是第二、第三步。随着脱贫攻坚已经进入决胜期和收官期，第一步的目标即将实现，意味着农村绝对贫困的问题即将得到彻底解决，"农村贫困人口不愁吃、不愁穿，义务教育、基本医疗和住房安全有保障"的目标即将得到稳定实现。要实现乡村振兴三步走中的第二、第三步，进行乡村重建、恢复乡村的社会经济功能迫在眉睫，即要实现乡村的产业振兴、产业兴旺。对于产业振兴在乡村振兴中的作用，习近平总书记曾指出，乡村振兴，关键是产业要振兴；2018 年中央一号文件也强调，乡村振兴，产业兴旺是重点。只有实现了产业振兴，才能为生态宜居、乡风文明、治理有效以及生活富裕提供必要的前提和物质条件。以农业农村发展为基础的乡村产业振兴作为乡村振兴战略的首要要求和实现乡村振兴的必要条件，需要给予其足够的重视，努力促进其优先发展。

一、乡村产业振兴的概念与内涵

产业兴旺奠定了乡村振兴的物质基础，是乡村振兴的重点，是乡村政治、文化、社会以及生态文明建设的基础和前提。《国务院关于促进乡村产业振兴的指导意见》中指出，乡村产业是姓农、立农、为农、兴农的产业。乡村产业根植于县域，以农业农村资源为依托，以农民为主体，以农村一二三产业融合发展为路径，地域特色鲜明、创新创业活跃、业态类型丰富、利益联结紧密，是提升农业、繁荣农村、富裕农民的产业。

---

① 陆益龙：《乡村振兴中精准扶贫的长效机制》，《甘肃社会科学》2018 年第 4 期。

而关于乡村产业振兴的理论蕴含，有学者将其概述为：农业高质量发展是乡村产业振兴的核心要义，农村一二三产业融合发展是产业振兴的内在要求，培育发展新产业新业态是乡村产业振兴的引擎和动力。[①]

推进农业高质量发展是乡村产业振兴的核心要义。实现乡村产业振兴，首先要振兴的就是逐渐衰落的农业，但这并不意味着当前的乡村产业振兴只是停留在表面上的振兴，并不意味着要重走以往传统的农业经济发展道路，而是要在新时代的背景下，走新型的农业发展道路，实现从传统农业向现代农业的转变。当前，我国乡村主要以农业为主，推进乡村产业高质量发展，首先要推进农业的转型升级，通过转变农业发展方式，从传统的粗放型农业转变为依靠高科技发展的现代农业、精细型农业，大力推进农业绿色化、优质化，推进农业由增产导向转向提质导向，不断提升农产品的质量。提高农产品的质量，除了依靠现代的生产手段，还要注重对农民进行技术指导，积极加强与高校的交流合作，建立涉农专家工作站，引入专业技术人员，对农业生产过程进行技术上的指导，传授最新的农业生产技术，加强新品种新技术研发，及时解答农民在生产过程中遇到的问题，不断强化农业科技支撑，健全农产品绿色质量标准体系，推进农业的标准化生产，实现农业的高质量发展，推进质量兴农。此外，还要通过信息化手段，了解市场需求，推进农村农业的产销对接，发展和完善农村的物流产业，一方面，使农民能够生产适销对路的高质量产品；另一方面，完善的物流也能保持农产品的质量，降低运输过程中的损耗，使新鲜的农产品能够在第一时间运输到市场，第一时间卖出去。不仅如此，借助农村的地理优势和产业优势，加大对农村特色农产品的开发力度，积极生产具

[①]　中小城市发展战略研究院、《中国中小城市发展报告》编委会编：《中国中小城市发展报告（2018）：中国中小城市乡村振兴之路》，社会科学文献出版社 2018 年版，第 30—42 页。

备区域特色的高质量农产品。

农村一二三产业融合发展是产业振兴的内在要求。当前农村的产业结构比较单一，以第一产业为主，第二三产业发展严重不足。实现乡村产业振兴、推进农村产业高质量发展并不意味着当前农村只需单一发展第一产业，忽视或者舍弃第二、第三产业的发展。乡村产业要立足于种养业，但这并不意味着乡村产业振兴仅局限于种养业，而是要统筹兼顾，各方施力，处理好三大产业的关系，补齐当前农村产业的发展短板，使三大产业得到协同均衡发展，均能成为实现乡村振兴的新引擎。构建农村一二三产业融合发展体系，促进农村一二三产业的融合发展，是以习近平同志为核心的党中央针对新时代农村改革发展面临的新问题作出的重大决策，是实施乡村振兴战略、加快推进农业农村现代化、促进城乡融合发展的重要举措，是推动农业增效、农村繁荣、农民增收的重要途径。农村一二三产业融合发展是党的"三农"理论政策的创新和发展，是在"基在农业、惠在农村、利在农民"原则的指导下，以农民分享产业链增值收益为核心，以农业为基本依托，通过产业联动、产业集聚、技术渗透、体制创新等方式，使资本、技术以及资源要素得到合理的优化配置，实现跨界流动、跨界融合。通过落实政策引导融合，组织实施好产业融合发展项目，有选择性、侧重性地扶持一批融合发展主体，使农村一二三产业之间紧密相连、协同融合发展，建设多业态打造、多主体参与、多机制联结、多要素发力、多模式推进的融合发展体系，促进农村产业在产前、产中、产后这三个环节的有效衔接，构建多种形式的合作模式，加快发展粮饲统筹、种养加服一体、农林牧渔结合、贸工农旅融合的现代乡村产业，推动农产品就地加工转化增值，使得农村产业链得到延伸、产业范围得到扩展，增加农民的就业机会和就业渠道，拓宽农业农村的增值空间，促进农民的收入增加，从而为实现乡村振兴奠定基础。《农业农村部关于实施农村一二三产业融合发展推进行动的通知》指出，促进农村一二三产业融合发展，还需要通过创业创新促进融合、发展产业支撑融合、完善机制带动融合以及加强服务推动融合。

培育发展新产业新业态是乡村产业振兴的引擎和动力。当前，农业农村发展已经进入高质量发展阶段，这意味着实现农村的产业振兴，除了要加快农村传统产业的优化升级之外，还要培育发展新产业和新业态。乡村产业有别于过去的乡镇企业，联农带农特征更加明显，通过健全利益联结机制，带动农民就业增收。乡村产业又有别于城市产业，以农业农村资源为依托，发掘农业多种功能，开发乡村多重价值，业态类型丰富，乡村气息浓厚。乡村产业振兴既需要农村产业规模和效益的大幅度增长，更需要农村产业增长模式的转换，由以往要素投入带动规模增长转向以新产业新业态为驱动的发展。① 近年来，国家大力支持大学生、技术人员、返乡回乡下乡人员创新创业，大力建设一批产业孵化基地，在场地、金融、财税等方面对创新创业人才给予优惠。同时，通过多种举措吸引大量的工商企业到农村投资兴业、着力发展和培育诸如特色旅游业等乡土特色产业，通过线上线下、虚拟实体有机结合等多种途径，催生共享农业、体验农业、创意农业、个人定制等大量新业态，大力推动休闲农业、乡村旅游以及农村电商持续健康快速发展，打造高品质、有口碑的农业"金字招牌"等，这为当前农村培育和发展新产业注入了"新血液"，为乡村产业注入了新产能新动能，农村新产业得到了蓬勃发展。一是市场拉动。当前人民生活水平越来越高，居民消费结构和消费水平正在逐渐转型，农村新产业新业态的快速发展，满足了市场的

① 中小城市发展战略研究院、《中国中小城市发展报告》编委会编：《中国中小城市发展报告（2018）：中国中小城市乡村振兴之路》，社会科学文献出版社 2018 年版，第 30—42 页。

需求，优化了市场的供给结构，开拓了新的市场空间。二是相关政策的推动。当前党和政府高度重视培育发展农村新产业新业态，出台了一系列专项优惠政策。在政策的推动下，大批社会资本转移到农村，农村成为"政策高地"和"投资洼地"。三是创新驱动。互联网等信息技术的快速发展，促使农村产业管理模式、经营模式不断优化升级，在新的产业模式的推动下，农村传统的产业模式不断发生"裂变"，由此孕育出一批新的产业，有效推动了农村产业结构的优化升级。四是融合驱动。新理念、新技术的不断推广和应用，加快了其与农村产业的融合速度，推动了资金、人才、技术等核心生产要素的优化配置，不断在产业间进行交叉融合，从而推动了农村新产业新业态的发展。

二、乡村产业振兴的意义和价值

乡村产业振兴是实现乡村振兴的根本举措。习近平总书记指出，"乡村振兴，关键是产业要振兴。要鼓励和扶持农民群众立足本地资源发展特色农业、乡村旅游、庭院经济，多渠道增加农民收入"①。"产业兴，则百业兴"，试想一下：如果一个村子没有固定的产业，农民无业可就，收入自然也不会稳定，在这种情况下，实现乡村振兴从何谈起？因此，要实现乡村振兴，必须要有产业振兴作为其物质保障。只有农村的一二三产业振兴了，才能提高农村的吸引力和竞争力，吸引越来越多的工商企业到农村投资，培育发展壮大新动能，带动周边相关产业的发展，创造出更多的就业岗位，让农民收入增多，安居乐业，生活水平不断提高，实现共同富裕。只有一二三产业振兴了，才能有效筑牢农村的经济基础，推动农村经

① 《习近平在海南考察时强调：以更高站位更宽视野推进改革开放　真抓实干加快建设美好新海南》，2018年4月13日，见 http://www.lzbs.com.cn/special/2018/hn30/2018-04/13/content_4377935.htm。

济的发展迈向一个新台阶，从而为农村社会各项事业持续健康发展提供物质保障，吸引更多的农村青壮年愿意返回农村、留在农村，让城镇的大学生等专业技术人才愿意进入农村、扎根农村，激发农村的新活力，实现农村人才体系从"0"到有的转变，为农村的人才体系注入"新鲜血液"，从而带动乡村的产业发展。此外，通过产业振兴，增加当地政府的财政收入，政府才能够加强农村基础设施设备的建设，以及教育、医疗、卫生以及生态环境治理建设，从而有利于建设一个乡风文明、生态宜居的美丽乡村。

乡村产业振兴是推动城乡协调融合发展的新举措。一直以来，由于受到城镇化及全球化的影响，一方面，城镇人口不断上升，城市道路拥挤，住房紧张；另一方面，随着农村人口特别是农村青壮年的不断迁出，农村人口不断减少，空置的房子和土地不断增多。此外，农村产业结构比较单一，产业发展水平低，与城镇的产业结构脱节。通过乡村产业振兴，以产业联通、技术扶持、城镇帮扶等方式，大力发展乡村产业，打破城乡产业之间的壁垒，推动城乡产业结构的有效衔接，实现生产要素的合理流动和优化组合，加快农村的现代化建设。乡村是当前城乡协调融合发展中极其重要的一极，因此，大力促进乡村的产业振兴便成为推动城乡协调融合发展的重要举措。

乡村产业振兴是打赢脱贫攻坚战的重要举措。"小康不小康，关键看老乡。"当前，脱贫攻坚战已经进入收官期，到2020年年底，在脱贫攻坚充分发挥"兜底"的作用下，我国农村的绝对贫困问题基本被消除，贫困地区的"两不愁、三保障"得以实现。但是，农村依然面临着诸如产业结构单一、农村基础设施不完善、经济发展水平较低等问题的困扰，巩固现有的脱贫攻坚成果的任务依然艰巨。打赢脱贫攻坚战和巩固脱贫攻坚战的成果目的在于提高农村居民收入水平，因此，仍然需要通过乡村产业振兴，通过不断吸引资金、人才、技术等方式，激活乡村的新产能，促进农村一二三产业的协同发展，构建现代化农业产业体系、生产体系、经营体系，完善乡村治理体系，健全城乡融合发展的体制机制，拓宽居民的收入渠道，增加居民收入，通过多种举措使农民的钱袋子"鼓起来"，日子"好起来"，进而实现乡村振兴，达到共同富裕，让农村也能够享受到国家发展带来的好处，能够享受到脱贫攻坚带来的红利。

第三节　脱贫攻坚与乡村产业振兴有效衔接的逻辑与路径

一、脱贫攻坚与乡村产业振兴有效衔接的逻辑

脱贫攻坚和以产业兴旺为首要目标的乡村振兴是我国为实现"两个一百年"奋斗目标而制定的国家性战略，都是围绕"三农"问题提出的重大决策。要准确深刻地理解脱贫攻坚和乡村产业振兴有效衔接的逻辑关系，需要从以下几个方面进行把握：

脱贫攻坚和乡村产业振兴在时间上具有一定的交汇性、衔接性：2018年至2020年是两者并存的时间，脱贫攻坚战略实施的时间段为2013年至2020年，而包括乡村产业振兴在内的乡村振兴战略实施的时间段则为2018年至2050年。可见，目前我们正处于脱贫攻坚的决胜期、乡村振兴战略的启动期、脱贫攻坚与乡村振兴的交汇期，正是两个战略实现有效"衔接"的关键时间点。

脱贫攻坚和乡村产业振兴在目标上具有一定的相同之处：脱贫攻坚和乡村产业振兴都是为了实现"两个一百年"奋斗目标，都是为了解决当前我国农村的各种问题。

两个战略之间也存在不同，首先体现在脱贫攻坚针对的是第一个百年奋斗目标，即全面建成小康社会；乡村振兴则是针对第二个百年奋斗目标，即全面建成富强民主文明和谐美丽的社会主义现代化强国。从目标上看，脱贫攻坚的目标和任务是十分具体的：到 2020 年，稳定实现农村贫困人口不愁吃、不愁穿，义务教育、基本医疗和住房安全有保障。实现贫困地区农民人均可支配收入增长幅度高于全国平均水平，基本公共服务主要领域指标接近全国平均水平。确保我国现行标准下农村贫困人口实现脱贫，贫困县全部摘帽，解决区域性整体贫困。而乡村振兴战略的目标和任务相对广泛，主要是明确了产业兴旺、生态宜居、乡风文明、治理有效、生活富裕的总要求。乡村产业振兴是乡村振兴的首要目标，主要是改变乡村经济结构比较单一、经济发展水平较低的状况，促进农村一二三产业的融合发展，拓宽农民的就业渠道，提高农民的收入水平，增强农村的吸引力和竞争力，激发农村新活力，从而为实现乡村振兴战略中的"生态宜居、乡风文明、治理有效、生活富裕"提供物质保障，实现农业农村现代化。其次，虽然两个战略的实施对象都在农村，但是脱贫攻坚更多针对的是贫困地区的贫困县、重点村和扶贫对象，主要发挥"兜底"作用；而乡村产业振兴的对象则包括所有县市、所有村庄的所有农民，其实施范围要比前者更加广阔。实现乡村产业振兴有利于防止脱贫攻坚后乡村出现"二次贫困""返贫"现象，在脱贫攻坚已取得的成果的基础上，进一步解决农村的相对贫困问题，实现城乡融合发展，进而实现共同富裕。

综上所述，脱贫攻坚和乡村产业振兴是两个具有承上启下作用的伟大战略，其中，前者是承上，后者是启下。这两者有机衔接起来，才能更好地巩固前者已取得的成就，并进而为后者的推进奠定良好的基础，后者在今后的开展中才能更加平稳有效。两个战略共同为实现社会主义新农村、城乡协同发展、实现城乡共同富裕作出了重大贡献，两者在内容和范围上耦合度较高，这也是我们当前要做好两者"衔接"工作的主要原因。

二、脱贫攻坚与乡村产业振兴有效衔接的路径

2019 年是新中国成立 70 周年，是打赢脱贫攻坚战的关键一年，也是脱贫攻坚和乡村产业振兴战略的政策叠加期、历史交汇期。一方面，当前脱贫攻坚已经进入了啃硬骨头、攻坚拔寨的冲刺阶段；另一方面，这也意味着，做好脱贫攻坚与乡村产业振兴的有效衔接已经成为越来越紧迫的任务。实现脱贫攻坚与乡村产业振兴的有效衔接，不仅有利于在 2020 年同时完成打赢脱贫攻坚战和乡村振兴第一阶段目标任务，巩固脱贫攻坚所取得的成果，更有利于 2020 年后乡村振兴"产业兴旺、生态宜居、乡风文明、治理有效、生活富裕"目标的实现。脱贫攻坚与乡村产业振兴需要有效衔接，才能提高各类资源的使用效率，减少不必要的浪费，确保各项目标的有序实现。[①] 乡村振兴与乡村产业振兴的有效衔接涉及政策、体制、实施路径等问题，需要对此作出全方位的战略性部署。脱贫攻坚与乡村产业振兴的有效衔接不是换"频道"，而是对"频道"的改造和提升；也不是对前者政策或者措施原封不动地"照抄"，也不是将两者截然分开，"另起炉灶"，而是要将两者有效衔接起来，充分借鉴和吸取脱贫攻坚中的经验和教训，从而更好地推进乡村产业振兴战略的落地。脱贫攻坚是一个长期的任务，如果没有产业基础提升内在"造血"能力，脱贫攻坚将变得不可持续，因此需要着力推进乡村振兴与脱贫攻坚有效衔接。

做好思想和理念衔接。在思想和理念上把如期实现脱贫攻坚、巩固

---

① 汪三贵、冯紫曦：《脱贫攻坚与乡村振兴有机衔接：逻辑关系、内涵与重点内容》，《南京农业大学学报》(社会科学版) 2019 年第 5 期。

脱贫成果与实施乡村产业振兴进行衔接，是实现二者有效衔接的关键。在将两者进行有效衔接的过程中，要始终坚持精准扶贫思想。脱贫攻坚的实践和成果证明了精准扶贫思想的科学性和有效性，在脱贫攻坚的过程中做到真扶贫、扶真贫，避免了实施过程中资源的浪费，提高了实施效率和实施效果。因此，在衔接脱贫攻坚和乡村产业振兴的过程中，始终要将"精准"这一原则贯彻到规划上、贯彻到实践上，始终坚持精准衔接、分类施策。还要注意将相关指导思想和理念进行衔接，注重指导思想和指导理念的连续性，以习近平总书记关于扶贫工作和实施乡村振兴战略的重要论述为指导，深刻学习领悟、准确把握习近平总书记关于扶贫工作的重要论述和乡村振兴战略思想的精神实质，在进一步巩固脱贫攻坚成果的基础上，推动乡村的产业振兴，最终如期有效实现乡村的全面振兴。

做到战略目标和任务衔接。脱贫攻坚和乡村产业振兴的目标具有一定的重合性，两者都致力于解决农村的困局。要实现两者的有效衔接，首先必须清楚，脱贫攻坚是实现乡村产业振兴的基础和前提，只有乡村的绝对贫困问题解决了，才有可能进行产业振兴；此外，实现乡村产业振兴又是巩固已有脱贫攻坚成果的必要举措，可以说，乡村产业振兴是脱贫攻坚的进一步深化和延续。

做好政策和制度衔接。继续推行脱贫攻坚和乡村产业振兴战略中好的扶持政策，继续实施乡村产业扶贫政策，在政策层面保障两者之间能够有效衔接、保障扶贫的人才不能少、工作力度和强度不能削弱，且在衔接的过程中，保证目标不变、靶心不移、频道不换，做到脱贫不脱钩、脱贫不脱政策，不断加大资金、人才等关键要素的投入力度。此外，需要借鉴脱贫攻坚构建的责任体系，建立一整套有利于推进乡村产业振兴的农村领导体制和机制。依靠农民、为亿万农民谋幸福是我们党的重要使命，党管农村是做好"三农"工作的重要政治优势。明确党和政府是乡村产业振兴的第一责任人，要求省、市、县、乡、村五级书记一起抓产业振兴，县委书记要发挥好产业振兴的"一线指挥棒"的作用；采用"中央统筹、省负总责、市县抓落实"的工作机制；将市县党政班子和领导干部在推进乡村产业振兴中的绩效作为其考核和升迁的主要依据，建立农业农村部门牵头抓总、相关部门协同配合、社会力量积极支持、农民群众广泛参与的推进机制。

聚焦重点产业和重点区域。脱贫攻坚主要强调通过产业扶贫、就业扶贫的方式实现农民的就业率上升、收入增多，让农民摆脱贫困。虽然在此过程中，产生了一大批能够拓宽农民就业渠道、促进农民增收的产业，并且在一定程度上形成了利益联结机制。但是，受农村产业基础薄弱、农民科学技术水平低下等因素的影响，现有产业主要还是集中于劳动密集型非农产业、简单的农产品种植以及初步加工等薄弱产业。产业振兴强调通过构建现代的农村产业体系，促进农村一二三产业的有机融合，提高农村产业的创新力、核心竞争力以及全要素的生产效率。这意味着需要规划好产业布局，一方面，由于种养业是乡村产业的基础，也是保障粮食等重要农产品供应的任务所在，因此，规划产业布局，首先就要规划好种植业的产业布局，巩固提升粮食产能，守住国家粮食安全底线。另一方面，乡土特色产业是乡村产业的重要组成部分，在乡村产业振兴过程中，要做好"特"字文章，加快培育优势特色农业，打造高品质、有口碑的农业"金字招牌"，因地制宜发展特色食品、特色制造、特色建筑、特色手工业、特色旅游业等乡土特色产业，发掘一批乡土特色产品、建设一批特色产业基地、打造一批特色产业集群以及一批乡土特色品牌。通过加大资金人才投入，吸引工商企业到农村投资，带动农村二三产业的发展，促进农村产业的均衡发展。在发展新产业的同时，通过"优胜劣汰"的方式，淘汰一些耗能高、产出低、优势不足的"落后产业"。此外，针对当前农村种植业主要是一家一户干，产业链极短的问题，需要通过多举措拓宽农村农业的产业链，实现生产—加工—销售在农村一次性完成，延长产业链，进一步让农民受益。

在区域方面，脱贫攻坚重点解决的是贫困地区特别是"三区三州"等深度贫困地区在实现"两不愁、三保障"中面临的突出问题，不断加大"三区三州"等深度贫困地区和特殊贫困群体脱贫攻坚力度，重点解决因病致贫、因残致贫、饮水安全、住房安全等问题，加强教育扶贫、就业扶贫、基础设施建设、土地政策支持和兜底保障工作，打出政策组合拳。乡村产业振兴主要针对的是广大农村地区贫困户内生发展动力不足、贫困地区产业发展基础薄弱、部分易地扶贫搬迁户的后续生计等问题，根据当地的实际情况，利用当地的区位优势、资源优势、景观优势和历史文化底蕴，发展当地的特色产业、特色农产品，在有条件的地方打造"一村一品"示范村镇和休闲旅游精品点，通过多种举措支持贫困地区打造特色产品品牌、农业产业化强镇和绿色循环优质高效特色产业项目。

促进产销对接。过去由于信息不通、交通不便等原因，农村产业的产销是分离的：农村一直只负责搞种植业，而城市主要负责加工和流通环节，相对于前者，后者受益更大，农民往往受益最少。脱贫攻坚主要解决的是农民"两不愁、三保障"突出问题，进而消除绝对贫困；而要让农民持续增收，推动乡村生活富裕，就需要在消除绝对贫困的基础上，实现产业振兴。目前，一些乡村产业与农民的联系不紧，产销分离，产业链增值受益留给农民的不多，这不利于实现农民的增收。这种情况亟须改变，要把产业链增值收益尽量留给农民。要建立联农带农机制，通过融合发展等多种方式，让农民不但有业就、有活儿干，更要有钱赚，让农民的腰包鼓起来，让农民的笑脸多起来。① 在脱贫攻坚的过程中，曾培育了大量能

---

① 《打好"钱、地、人"组合拳　促乡村产业振兴》，2019 年 7 月 2 日，见 http://www.xinhuanet.com/mrdx/2019-07/02/c_138191559.htm。

够促进农民增收的产业，各地也在不断探索新的利益联结机制。乡村产业振兴不仅需要通过构建现代的产业体系、生产体系和经营体系来提高农业创新力、竞争力和全要素生产率，还要通过加快发展流通业，把农产品产地、集散地、销地批发市场建设统筹起来，加强农产品物流骨干网络和冷链物流体系建设，打通农产品物流节点，实现全过程无缝对接，形成新的利益联结机制，让农民能够在此过程中分到更大的"蛋糕"，享受到产业振兴带来的更多利益，而避免大规模的受益流向少数人和龙头企业。同时，通过实现产销对接，引导加工流通企业重心下沉，向有条件的中心镇和物流节点集中，此举措能够促进农村二三产业的发展，并能够吸引更多的农村青年返乡，提高乡村的人才活力和竞争力，进而实现乡村振兴。

第四节　实现脱贫攻坚与乡村产业振兴有效衔接的意义

　　脱贫攻坚和包括乡村产业振兴在内的乡村振兴，是我国当前在农村实行的两大全国性重大战略行动，二者相互支撑、协调推进，共同致力于"两个一百年"奋斗目标的实现。一方面，脱贫攻坚是我国当前解决贫困地区贫困问题的主旋律，脱贫攻坚战略的实现和完成，是推行和实现乡村产业振兴、乡村振兴的现行任务，是后者实施的基础和前提；另一方面，实行包括乡村产业振兴在内的乡村振兴战略，既能进一步巩固脱贫攻坚已取得的成果，还能进一步深化农村改革，推动农业农村现代化的基本实现，并且到 2050 年，全面实现乡村全面振兴，实现农业强、农村美、农民富。

一、有利于进一步提升脱贫攻坚质量

脱贫攻坚的主要目的是解决贫困地区的"两不愁、三保障"问题，满足贫困人口的基本需求，消除绝对贫困，一定程度上存在返贫和二次贫困的风险。产业振兴作为乡村振兴之首要，重在解决广大农村的可持续发展问题，为乡村振兴提供经济支撑。脱贫攻坚的工作重在解决贫困地区和农民的经济收入问题，无论是社保兜底还是基础设施的建设，都是为了解决贫困人口的收入问题，只有当收入水平逐渐提升上去，贫困问题才会迎刃而解。脱贫攻坚时期的产业发展在收入提升方面虽然具有一定的作用，但是产业覆盖农户的范围小，发展水平低，稳定性差，难以成为脱贫的首要动力。乡村产业振兴是高水平、大面积的产业发展，不但覆盖广大农村的贫困地区和非贫困地区、贫困户和非贫困户，而且发展水平更高，持续性更强。可以为贫困地区和贫困群体的需求满足提供强劲的经济和物质支撑，避免再次因经济收入原因返贫和二次贫困。脱贫攻坚与乡村产业振兴的有效衔接可以使脱贫攻坚时期的产业得到进一步发展，脱贫攻坚的质量得到进一步的巩固和提升。

二、有利于进一步巩固和拓展脱贫攻坚成果

脱贫攻坚和乡村产业振兴是一脉相承、前后呼应的。脱贫攻坚为产业振兴奠定了坚实的物质基础，并为产业发展作出了有效的尝试性探索，两者之间的有效衔接使得脱贫攻坚的成果得到进一步的巩固和深化，作用得到进一步的发挥。脱贫攻坚时期，贫困地区和广大农村的基础设施建设不断加强，农村公路走进千村万户，旅游公路建设取得突破性进展；生活和工业用电用水得到进一步的保障，水利和电力建设取得重大进展；农村的通信建设进展较快，4G 宽带网络覆盖工作取得显著成绩。这不仅解决了

广大农村地区人们的生活问题，同时为乡村产业振兴打下了坚实的基础，也为广大农民融入市场、适应网络社会创造了良好环境。在脱贫攻坚时期，贫困地区的产业发展坚持因地制宜，积累了一定的产业发展经验，培育出一批特色产业。相比全国范围的、高水平的产业振兴阶段的工作，无论是产业规模还是发展质量，两者虽然难以比较，但是脱贫攻坚时期的产业发展经验和初步性的尝试工作还是为产业振兴的初期开展提供了可借鉴的经验。两者之间的衔接不但可以充分发挥脱贫攻坚时期道路、电力、网络等基础设施的作用，而且扶贫期间的特色产业也能够得到进一步的发展，扶贫经验可以得到进一步的拓展。

三、有利于促进城乡协调融合发展

实现脱贫攻坚和乡村产业振兴的有效衔接，能在一定程度上避免相关主体在两大战略衔接的过程中利益受损，也可以避免两者由于衔接不到位造成政策上或者实践上的"灰色地带"，从而为乡村产业进一步平稳发展提供有利条件。同时，乡村产业的进一步发展必须在城乡融合的架构中推进。这是因为乡村产业振兴离不开劳动力与产业在城乡间的优化配置，也离不开城乡产业间的互促共进。因此，乡村产业振兴的过程同时也是促进城乡要素自由配置、市场充分共享的过程。实现脱贫攻坚与乡村产业振兴的有效衔接，将有利于城乡共享改革开放的成果，缩小城乡贫富差距，促进社会公平。在当前城乡产业格局中，农村产业结构单一，以第一产业为主，且发展水平较低，二三产业发展滞后缓慢。在整体城乡产业利益分配格局中，乡村处于利益分配的边缘和末端。乡村产业振兴要求推进农业高质量发展、促进农村一二三产业融合发展、培育发展农村新产业新业态，在此过程中，乡村发挥出有别于城市的独特价值，体现出乡村在国民体系中的重要地位。这不但有利于农村产业兴旺，为广大农民带来持续可靠的经济收入，同时有利于城乡产业之间的分工与合作，有利于城乡之间贫富差距的缩小，进而促进城乡之间的协调融合发展。

四、有利于乡村社会公平

脱贫攻坚与乡村产业振兴之间的有效衔接，有利于平衡贫困村与非贫困村之间的关系，有利于化解贫困户与非贫困户之间的隔阂，消除非贫困村和非贫困户的不满情绪，促进乡村之间和农户之间的公平。在乡村的产业分工格局中，因劳动要素缺乏和劳动分配机制不够健全，贫困农户依然处在利益分配的边缘位置，农户在脱贫攻坚后依然处于社会的边缘。脱贫攻坚期间，党和政府为促进贫困户、贫困村和贫困地区发展，投入了巨大的人力、物力和财力，由于不患寡而患不均文化心理的作用和农村整体经济水平不高的影响，一定程度上引起非贫困村和非贫困户的不满情绪。脱贫攻坚与乡村产业振兴的有效衔接，特别是乡村产业振兴的落实，不但能够有效提升贫困村和贫困户的收入水平，而且也会使非贫困村和非贫困户积极参与乡村产业发展与振兴，并获得实实在在的好处，真真切切感受到党和国家对百姓的关爱。两者的衔接可以缩小贫困户与非贫困户、贫困村与非贫困村之间的贫富差距，促进乡村社会公平。

五、有利于提高乡村社会治理水平

脱贫攻坚与乡村产业振兴的有效衔接，对于促进乡村社会治理具有一定的促进作用。脱贫攻坚以来，驻村队伍的实干给当地村民留下深刻的印象，村民感受到村庄治理的重要性，其科学民主自治意识得到提升，对脱贫以后的村级自治开始抱有一定的期望，对村级干部队伍的工作也提出了一定的要求。特别是贫困户的申请提出、村组会议讨论、名单公示等一系列的民主决策流程，给农户留下了深刻印象。脱贫攻坚时期，村干部队伍的组建和运行提升了乡村社会治理的水平，乡村产业振兴时期，人们更是对乡村社会治理提出了更高的要求。同时，乡村产业振兴又为社会治理提供了一定的财力和物力支持，使其得以顺利开展。综合起来，即脱贫攻坚工作的开展使得乡村社会治理的意识得到提升，治理队伍逐渐成熟，治理机制显出成效；乡村产业振兴不但要求乡村社会治理持续运行，并提出更高的要求，而且为更高水平的乡村社会治理提供了一定的资金和物力支持。

第二章

第 二 章

培育壮大乡村特色产业

第一节　培育壮大乡村特色产业的背景与思路

一、培育壮大乡村特色产业的社会背景

《中共中央 国务院关于打赢脱贫攻坚战三年行动的指导意见》指出，"确保到 2020 年贫困地区和贫困群众同全国一道进入全面小康社会，为实施乡村振兴战略打好基础"。我国正处于脱贫攻坚与乡村振兴两大政策交叠、历史交汇的重要时间节点，可以说，乡村振兴战略是解决"三农"问题的总抓手，而产业兴旺，是解决农村一切问题的前提。国务院印发的《关于促进乡村产业振兴的指导意见》（以下简称《意见》）围绕做强现代种养业、做精乡土特色产业、提升农产品加工流通业、优化乡村休闲旅游业、培育乡村新型服务业、发展乡村信息产业六个方面对产业发展的方向作了详尽的阐述，为乡村产业振兴提供坚实的政策支撑。本章主要围绕《意见》的六个方面阐述乡村产业发展"抓什么"的问题，探究突出优势特色、培育壮大乡村产业的可能性和可为性。

目前，我国处于脱贫攻坚的关键时期，需要建立并稳定脱贫攻坚的长效机制，激活贫困人口的内生动力，衔接脱贫攻坚与乡村振兴。产业兴旺是乡村振兴的重要"旗帜"，乡镇产业是姓农、助农、兴农的必要"路径"，乡镇企业是连接城与乡、市场与农业、产业与土地的重要"纽带"。乡村产业植根于县乡，以农民为依托，融合一二三产业，需因时因地，一村一品，整合平台，创新发展。产业振兴关系着农民、农业、农村的发展，如何突出产业优势特色，培育壮大乡村产业，就需了解清楚"抓什

么"，既不可盲目行舟，也不可竭泽而渔，需要以专业化、科学化、多元化的方式去评估产业发展的"抓手"。

二、培育壮大乡村特色产业的基本思路

农业产业发展的靶向，需要从两个大维度上来考虑，首先是从传统性、地域性、内生性角度看，其次是从专业化、信息化、多样化角度看，综合全面地发展产业，才能建立脱贫攻坚的长效机制，做有益的蓄力，真正发挥出农业产业的潜力与实力。

从传统性、地域性、内生性考虑，培育壮大乡村产业必须考虑相关要素。传统性方面，农业产业的发展需要考虑历史的沿革，考虑不同地域的民风民俗存在的差异，对于传统农业，需要取精华弃糟粕，在革故鼎新中创新农业产业，发挥中国传统农耕文化的优势与特色。地域性方面，产业发展不能搞"一刀切"，优秀模式值得推广但不宜照搬复制，发展农业产业，应该因地制宜，找到每个地方最适宜的产业发展方式，建立多样化的产业体系，满足农村产业的多样化发展需求。内生性方面，乡土社会有其内生的逻辑与惯习，这就需要在产业发展的过程中遵循乡村的发展规律，把握产业发展背后特殊的乡土文化，激活乡村本身的内生动力而非只用外力促其发展。

从专业化、信息化、多样化的角度看，培育壮大乡村产业必须考虑相关要素。专业化方面，农业专业化是指农业企业专业化、地区专业化和农艺专业化，要发挥各地区、各农业生产单位在自然资源和经济资源方面的优势，采用先进的生产工具和农业技术，提高经营水平，提高生产效率。发展具有专业化的农业产业体现的是社会分工的进步。信息化方面，农业信息化是社会信息化发展的一部分，发展农业技术信息化，对于产业的发展有颇多益处，要精准把握农业信息，将信息化运用于农业环境、农业经

营、农业交易、农业技术等领域。多样化方面，在农村改革不断深化和市场经济不断发展的背景下，我国确立了以家庭经营为基础、统分结合的双层经营体制，在目前乡村振兴和脱贫攻坚的时代背景下，农业产业需要更加解放思想、深化改革，进行机制体制创新，推进农业经营体制集约化、专业化、组织化、社会化发展，满足不同地域、不同文化、不同经济条件的农业产业的多样化发展需求。

党的十九大报告提出了实施乡村振兴的"二十字"方针，即"产业兴旺、生态宜居、乡风文明、治理有效、生态富裕"。"产业兴旺"是乡村振兴的经济基础，"产业兴旺"并不是指单一的农业发展，而是多样化的一二三产业的融合发展，生产体系、产业体系、经营体系的协调配合与深度融合。乡村的产业振兴需要关注农业供给侧结构性改革，丰富和调整农业发展的基本方式，以农业为主线深度融合二三产业，实现农业增产、农民增收、农村增益。农业是农村经济的基础，农业的高质量发展是农村产业振兴的重中之重，乡村产业振兴需规避唯"数据"、唯"数量"的盲区，要求农业生产从单一的产业追求向质量追求发展、从分散型生产向集约型生产转变、从分散化经营向精细化经营转变，进行供给侧的优化与改革，构建现代化的农业经济体系。党的十八大报告指出："坚持走中国特色新型工业化、信息化、城镇化、农业现代化道路"，"四化同步"是中国共产党立足全局、着眼未来、与时俱进的规划，其中"农业现代化"是"四化"中的短板，中国的城乡二元结构依然存在，城乡之间依然存在着发展不平衡的问题，有些乡村出现空心化、妇孺化的现象，农村"三留守"现象较为严重，青壮年离土离乡，劳动力流失。李克强指出，解决好农业和粮食问题，要放在发展的全局中来统筹。工业化、信息化、城镇化、农业现代化，是实现我国现代化的基本途径，这"新四化"相互联系、相互促进。工业化与信息化是经济发展到一定阶段的"孪生子"，其深度融合是产业升级的方向与动力；城镇化蕴含着最大的内需潜力，是现代化建设的载体；而农业现代化则是整个经济社会发展的根本基础和重要支撑。我们说要守住管好"天下粮仓"，实质上就是要把好耕地红线、打牢农业基础、确保粮食安全。①

在新时期，发展乡村产业要抓基础、抓特色、抓效率、抓生态、抓创新、抓技术，从现代种养业、乡土特色产业、农产品加工流通业、乡村休闲旅游业、乡村新型服务业、乡村信息产业六个方面进行详细的部署和规划。在发展过程中要时刻注意脱贫攻坚与产业振兴之间的内在关系，二者只有相互支撑、协调推进，"两个一百年"奋斗目标才能最终实现。

第二节　抓基础，做强现代种养业

种养业是乡村农业发展的基础，涉农产业在土在乡，深深根植于乡土社会，有着几千年的历史沿革。我国现在已经进入后精准扶贫时期，也是脱贫攻坚的关键时期，传统种植业已无法适应日新月异高速转型的现代社会，落后的发展方式使农村种养业陷入"瓶颈"，乡村的扶贫实践应该关注这些最基础的领域。抓基础，做强现代种养业，让种养业成为"有利可图"的产业，让农民成为·个值得骄傲的职业，只有这样才能更好地促进乡村产业的兴旺与发展。

农村种养业目前依然存在一定的问题，分散化、小规模的种植养殖，使农民抵御自然风险、经济风险的能力较弱；缺乏获取信息的途径与渠

---

① 李克强：《同步推进新型四化　统筹城乡协调发展》，2013 年 3 月 6 日，见 http://theory.people.com.cn/n/2013/0306/c40531-20689871.html。

道，农民获得有效种植养殖信息的能力较弱；缺乏对市场信息的了解，精确对接市场的能力较差；出现土地撂荒的现象，土地利用率不够；有些农民存在靠天收的思想，依托传统经验进行生产。基于现实的困境，传统种养业亟须向现代种养业转型，利用现代的发展理念、经营模式、装备技术等促进农村种养业的现代化发展，进而保障粮食安全，促进农民增收。

《意见》对如何做强现代种养业作了一定的阐释：创新产业组织方式，推动种养业向规模化、标准化、品牌化和绿色化方向发展，延伸拓展产业链，增加绿色优质产品供给，不断提高质量效益和竞争力。巩固提升粮食产能，全面落实永久基本农田特殊保护制度，加强高标准农田建设，加快划定粮食生产功能区和重要农产品生产保护区。加强生猪等畜禽产能建设，提升动物疫病防控能力，推进奶业振兴和渔业转型升级。发展经济林和林下经济。

现代种养业是农村产业发展的基础，抓基础，做强现代种养业是带领农民脱贫攻坚、促进乡村振兴的必由之路，要达到这个目标需要思考一些有效对策。

一、优化升级种养结构

加快优化农业种植结构，构建农业生产体系，完善经营体系，实施"藏粮于地、藏粮于技"战略，将耕地质量的保护与提升放在重要的位置，大力推进高标准的粮田建设，使"粮田"成为惠农助农的"良田"，同时，在此基础上积极优化种养结构，合理评估与规划各地区的农业发展水平和状况，基于市场经济发展规律作出最适宜的调整。2019年第一季度，农业（种植业）增加值同比增长4.4%。禽蛋产量增长2.3%，牛奶产量增长2.0%。猪牛羊禽肉产量2252万吨，同比下降2.8%；其中，猪肉产量1463万吨，下降5.2%；牛肉、羊肉和禽肉产量分别增长1.7%、1.4%和2.1%，体现了人们对健康饮食的追求。3 月份全国主要农区气候条件总体有利，大部分农区日照和墒情适宜，光热条件总体较好，春耕春播进展顺利。大豆意向种植面积同比增长 16.4%，优质的中稻和一季晚稻意向种植面积增长 1.9%。农业生产基本稳定，种植结构不断优化。[①] 推进农业供给侧结构性改革，是解决农业农村发展"瓶颈"的关键举措，是加快转变农业发展方式、促进农业现代化的必然要求。只有改变拼资源、拼消耗的粗放经营方式，才能实现农业的可持续发展。

二、利用优势因地制宜

习近平总书记在参加十二届全国人大五次会议四川代表团审议时说，"虽然很多时候我们强调规模经营，但也要看到，在一些地方，家庭规模的经营相当一段时间内还会存在。在浙江、福建，很多地都是分散的、零碎的，有的梯田叫斗笠田，一个斗笠就能盖住。青蛙一跳过三丘，一跳跳过三块田。所以要因地制宜，根据实际情况做细做精农业"。农业发展有其地域性、季节性、周期性特征，农业生产的对象是动植物，需要热量、光照、水、地形、土壤等自然条件。各地应根据当地的气候条件、地域优势发展适宜的种养业。同时，不能有"固化思维"，而需要有"发展观"和"系统观"，要从现代社会发展的角度对农村农业的发展做正确的定位，切忌"一刀切"。只有结合每个地区的资源禀赋，合理评估当地的自然状况，在适宜区域，因地制宜、突出特色、适度发展，才能打破农业发展"瓶颈"，推动实现农业现代化。

因地制宜讲究的是科学规划和突出特色，为此可以考虑大力推广轮作

---

① 《农业生产基本稳定，种植结构不断优化》，2019 年 4 月 17 日，见 http://www.gov.cn/xinwen/2019-04/17/content_5383747.htm。

和间作套作。因地制宜开展生态型复合种植，科学合理利用耕地资源，促进种地养地结合。如重点在东北地区推广玉米／大豆（花生）轮作，在黄淮海地区推广玉米／花生（大豆）间作套作，在长江中下游地区推广双季稻—绿肥或水稻—油菜种植，在西南地区推广玉米／大豆间作套作，在西北地区推广玉米／马铃薯（大豆）轮作。①

三、种养一体统筹发展

农业部印发的《种养结合循环农业示范工程建设规划（2017—2020年）》强调，到 2020 年，建成 300 个种养结合循环农业发展示范县，示范县种养业布局更加合理，基本实现作物秸秆、畜禽粪便的综合利用，畜禽粪污综合处理利用率达到 75% 以上，秸秆综合利用率达到 90% 以上。新增畜禽粪便处理利用能力 2600 万吨，废水处理利用能力 30000 万吨，秸秆综合利用能力 3600 万吨。

我们需要探索不同地域、不同体量、不同品种的种养结合循环农业典型模式。开展多模式的探索，推进农作物秸秆的循环利用，实施标准化规模养殖，加强农村沼气池建设。另外，需要加强区域统筹推进的合力，减缓农村环境的承载压力，建立长效的种养业废弃物综合利用机制，提高废弃物的利用率，加强种养的联系，促进种养一体化，促进实现种植与养殖的相互衔接、协调促进、共同发展，使农业资源得到有效利用。

四、组织领导督促转型

为确保种养业转型升级取得实效，需要加强组织领导，在各地政府及有关部门的带领下成立现代种养业转型升级领导小组，统筹、协调和解

---

① 《国务院办公厅关于加快转变农业发展方式的意见》，2015 年 7 月 30 日。

决在项目推进过程中存在的重大问题。各市委农村工作领导小组要加大对农业现代化工作的统筹规划力度，用"全局观"去发现农业农村可能出现的问题，形成党委统一领导、党政齐抓共管、相关部门各负其责的领导体制和工作机制。各县区也可成立农业领导小组，清晰规划各县区农业领导小组的工作职责，统一思想，形成合力，畅通上下沟通交流的渠道，形成"拧成一股绳，劲往一处使"的行政体系和运行机制，为深入推进现代种养业转型升级提供强有力的组织保障。完善区县、乡镇领导组织体系，充分发挥基层组织在农业现代化建设中的重要作用，组织广大农民参与农业现代化。同时，加大政府财政支持资金支持的力度。把现代种养业转型升级作为财政支出的优先保障领域，不断加大投入，为现代种养业转型升级提供资金保障。坚持总量持续增加、比例稳步提高的原则，确保财政支出优先支持农业农村发展，预算内固定资产投资优先投向农业基础设施和农村民生工程，土地出让收益优先用于农业土地开发和农村基础设施建设，各级财政对农业的投入增长幅度要高于财政经常性收入增长幅度。另外，需要高度重视产业扶贫的相关领域，组织领导现代农业升级的同时，要兼顾当地贫困户的需求。

第三节　抓特色，做精乡土特色产业

乡村特色产业是指根植于农民农业农村，依托于农村特定的资源环境、乡风民俗、历史文化，由当地的农民主办，彰显地域特色、开发乡村价值、具有独特品质和小众类消费群体的产业，涵盖特色种养、特色加工、特色食品、特色制造和特色手工业等产业。2019 年 7 月 18 日，重庆召开全国乡村特色产业发展现场会，会议指出，乡土特色产业是乡村产业的重要组成部分，发展前景广阔。要围绕乡村产业振兴目标，加快培育优势乡土特色产业，拓宽乡村产业发展空间；要着眼推进农业供给侧结构性改革，打造有品质、有影响的"土字号""乡字号"品牌；要着眼打赢脱贫攻坚战，以优势特色产业发展带动就业增收和精准脱贫。①

发展乡村特色产业助力脱贫攻坚，是中国特色扶贫开发的一个重要支点。脱贫攻坚不能一味"输血"，而应该"造血"，特色产业扶贫就是"造血式扶贫"，它将乡村的自然特色、资源禀赋、传统文化等人、文、地、产、景各个方面的资源进行整合，打造可持续的扶贫产业。可以说，特色产业是连接脱贫攻坚与乡村振兴的重要节点，在产业扶贫的建设上要做到产业定位精准、受益人群精准、保障措施精准，要"瞄准"乡村产业发展的潜在动力，积极做好后备规划。

《意见》对于做精乡土特色产业作出了明确规定：因地制宜发展小宗类、多样性特色种养，加强地方品种种质资源保护和开发。建设特色农产品优势区，推进特色农产品基地建设。支持建设规范化乡村工厂、生产车间，发展特色食品、制造、手工业和绿色建筑建材等乡土产业。充分挖掘农村各类非物质文化遗产资源，保护传统工艺，促进乡村特色文化产业发展。

乡土特色产业成为乡村经济的重要增长极，从发掘资源到创立品牌，做精乡土特色产业需要从以下几个方面着力。

一、立足乡土发掘资源

立足乡土，需要深刻把握乡土社会的历史文化等人文资源以及好山

---

① 《助力乡村振兴全国乡村特色产业发展现场会在重庆潼南召开》，2019 年 7 月 18 日，见 http://cq.cqnews.net/cqqx/html/2019-07/18/content_50573663.html。

好水等自然资源，将农业生产与当地特色高度结合，统筹协调，将植根于乡土的生态、人文等资源的优势最大限度地发挥出来，体现乡土特色与风采。具体来看：一是深入挖掘乡村的特色文化。因地制宜打造各种文化业态，让古民居功能鲜活起来。通过打造"一村一景致""一村一特色""一村一主题"，彰显乡土文化与特色。深入挖掘历史名人文化、特色风俗、历史典故等人文传统资源，传承优秀传统文化，延续地方文脉，重塑乡村文化特色，打造乡土产业项目品牌。二是深入挖掘乡村的自然资源，"绿水青山就是金山银山"，因地制宜发展以独特的自然资源为基础、以村落文化为载体、以生态旅游为媒介的乡村特色产业，让文化特色与产业特色优势互补，实现共赢。

二、科学评估培养人才

人才在做精乡土特色产业中有着不可替代的重要作用，对于转变生产经营方式、推动农村经济发展、繁荣乡村乡土文化有着示范和带头的作用。人才包括返乡创业的人才和本土创业的人才，他们都致力于推动农业产业化，所以需要政府及相关部门科学评估积极引导，构建一支乡土人才队伍。首先，要完善人才回流机制，许多离土离乡的优秀人才在城市中积累了丰富的经营经验，积累了一定的经济资本，并且心怀回报家乡的热忱。当地领导应该秉持"为官一任，兴一方人才，保一方发展"的责任感，合理评估当地的发展需求，制定科学合理的人才政策体系，积极引导人才回乡创业，利用"归雁经济"促进脱贫攻坚。其次，要加强对人才的培养力度，给返乡创业者和农民提供"充电"的机会，2017 年 1 月 9 日，农业部出台《"十三五"全国新型职业农民培育发展规划》，提出新型职业农民的发展目标：到 2020 年全国新型职业农民总量超过 2000 万人。提出以提高农民、扶持农民、富裕农民为方向，以吸引年轻人务农、培养职业农民为重点，通过培训提高一批、吸引发展一批、培育储备一批，加快构建一支有文化、懂技术、善经营、会管理的新型职业农民队伍，[①]从政策上为做精乡土特色产业提供了人才保障。

三、建立基地盘活土地

脱贫攻坚开展以来，各地围绕特色农产品优势区，积极发展多样化特色粮、油、薯、果、菜、茶、菌、中药材、养殖、林特花卉苗木等特色种养，推进特色农产品基地建设，支持建设规范化乡村工厂、生产车间，全面提升特色农业的绿色化、标准化、品牌化发展水平。从 2018 年起，中央财政已安排 12.74 亿元，支持 20 个省 62 个县，围绕 1—2 个主导产业建设绿色化标准化生产基地，发展加工仓储物流等关键环节，加强质量控制和品牌培育，不断推进绿色循环优质高效特色产业的发展。[②]建立种养殖产业基地，通过"产业促扶贫，扶贫促就业"的思路来指导发展，形成良性的循环。土地是农业、农民、农村之本，各级政府应该在充分调研规划的基础上盘活农村土地资源，盘活农村承包地、宅基地、农村集体建设用地、集体林地，化资源为资产，精细规划土地，让"沉睡资源"得以苏醒，切实保障农民的权益，解放和发展农村的生产力。

四、创立品牌弘扬特色

农业品牌是农村的宝贵资产，"品牌强农"是加快脱贫攻坚，转变农

---

① 农业部：《到 2020 年我国新型职业农民超过 2000 万人》，2017 年 1 月 29 日，见 https://baike.baidu.com/reference/13005054/19e4cl3HghTswz78-5Cp9nTLx4RWHJh8WCscuW2woklPAZZSvCfhoPiTr-Agrm43vmGetl4QtBLugGf1kh2GFzjAwSOji5By7pEmLC2ir9Wq03kR86hhjYFivSU。

② 《乡土特色产业成为乡村产业重要增长极》，2019 年 7 月 5 日，见 http://www.gov.cn/xinwen/2019-07/05/content_5406496.htm。

业生产方式，促进乡村产业振兴的关键举措。品牌的发展要注入创新意识，立足优势，强化特色。我国是个农业大国，幅员辽阔，南北东西跨度大，地貌地势多样，适宜多种农作物的生长发育。要创立品牌，弘扬彰显中国乡村的特色，可以从以下几个方面入手：一是要做精地方农业。根据不同地区的地理环境、自然条件、人文因素，重点关注特色蔬菜、特色果品、特色花卉、当地中药材等特色农作物，注重特色农作物的区域化、规模化、专业化。2017 年，发改委、农业部、国家林业局联合印发了《特色农产品优势区建设规划纲要》。其中提到，鼓励地方做大做强优势特色产业，争创特色农产品优势区，把地方土特产和小品种做成带动农民增收的大产业。并规划到 2020 年创建并认定 300 个左右国家级特优区。建立特色粮经标准化基地、特色园艺标准化基地、特色畜禽标准化养殖场、特色水产标准化生产基地、林特产品标准化生产基地。在建立特色农产品优势区的基础上突出各地特色。二是强化农业品牌。没有品牌的农业产业难以凸显优势，农业企业要加大品牌创建、品牌认证、质量提升、技术创新、宣传推广力度，在确保产业品质的前提下，进行技术革新，根据企业的特色创立品牌，制定良好的企业发展战略，以品牌为依托，产业化经营，以生态产业、品质产业为卖点，发挥"绿色经济"的独特优势。

第四节　抓效率，提升农产品加工流通业

农产品加工流通业是否发达，在一定程度上关系着脱贫攻坚能不能顺利向乡村振兴过渡，所以发展农产品加工流通业已成为提升农业农村生产效率最为关键的一环。如果没有畅通的加工流通渠道，农民们可能会面临有好货但无市场的困境，生产与销售环节的脱节使他们无法将自身的劳动

转化为成果，这将会极大地挫伤农民们的生产积极性，进而陷入贫困的怪圈，不利于形成长效的脱贫攻坚机制，也不利于乡村的振兴与发展。

农产品加工，是指将农业的主产品、副产品制作成各种食品及其他用品的一种生产活动，是农产品由生产领域进入消费领域的一个重要环节。主要包括粮食加工、饲料加工、榨油、酿造、制糖、制茶、烤烟、纤维加工以及果品、蔬菜、畜产品、水产品等的加工。农产品加工过程及采用方法依产品种类及消费要求的不同而定。农产品加工可以缩减农产品的体积和重量，便于运输；可以使易腐的农产品变得不易腐烂，保证品质不变，保证市场供应；还可以使农产品得到综合利用，增加价值，提高农民收入。农产品流通，是指农产品中的商品部分，通过买卖的形式从农业生产领域向消费领域转移的一种经济活动。农产品流通包括农产品的收购、运输、储存、销售等一系列环节。广义的农产品，包括农业（种植业）、林业、畜牧业、渔业和副业的产品；狭义的农产品，仅包括种植业的产品，如粮、棉、油、麻、丝、茶、糖、菜、烟、果、药、杂等产品。[①]农产品加工以及流通业是传统农业地区农业产业化的核心，对于新型城镇化建设有着重要的影响。我们要开阔视野，拓宽思路，更新观念，提高农产品加工的深度和精度，同时加强加工配送、物流配载、仓储保鲜、农产品展示和质量检测等基础设施的配套建设。目前，农产品物流基础设施建设还存在诸多问题，如缺乏良好的仓储冷库等基础设施，农产品集散点不足，规模化水平较低，运输效率有待提高，等等。所以，一个组织化、专业化、网络化、集约化、现代化的物流体系亟待建立。

2017年，中共中央办公厅、国务院办公厅印发《关于创新体制机制推进农业绿色发展的意见》，指出要建立低碳、低耗、循环、高效的加工

---

① 何盛明：《财经大辞典》，中国财政经济出版社1990年版。

流通体系。我们应从健全完善农产品流通体系、加强产地农产品流通基础设施建设和增强产地市场信息服务功能入手，推进农产品绿色流通体系建设，发挥绿色流通的先导性作用，密切农业生产与市场消费的关系，稳定农产品市场价格，加快农业发展方式转变，促进农民持续增收。2019年，国务院印发《关于促进乡村产业振兴的指导意见》，专门强调了提升农产品加工流通业。《意见》指出，支持粮食主产区和特色农产品优势区发展农产品加工业，建设一批农产品精深加工基地和加工强县。鼓励农民合作社和家庭农场发展农产品初加工，建设一批专业村镇。统筹农产品产地、集散地、销地批发市场建设，加强农产品物流骨干网络和冷链物流体系建设。对于农村的加工流通业，要促进其扁平化发展、多元化发展、组织化发展。

一、加快补齐基础设施建设短板

加快补齐基础设施建设是农产品加工流通业得以进一步发展的前提条件。首先，在农产品加工方面，由于农业生产本身具有弱质性，至今仍旧面临较大的自然风险，而农村农业生产能力的高低及其抗灾减灾能力的强弱势必将对农产品加工业的发展产生重要影响。因此，兴建农田水利等农业基础设施、完善农技推广等公共服务，将有利于农产品加工业的深入发展。在农产品流通业方面，2019年2月28日，商务部发言人高峰在例行发布会上表示，2019年商务部将采取多种措施，进一步完善农村和农产品流通体系，促进工业品下乡、农产品进城，让城乡市场更旺起来。这就需要加强农村商贸流通基础设施建设，推动传统零售网点升级改造，拓展乡村电商服务站点功能，优化农村商品和服务供给，提升农村居民的消费品质；鼓励发展连锁化经营和共同配送，降低流通成本，提升流通效率。同时，加快补齐冷链物流基础设施等短板，提高农产品标准化水平，加快完善县乡村三级物流配送体系，推动解决"最先一公里"的难点问题，畅通农产品进城、工业品下乡的物流渠道。

二、促进实现多元化发展

农产品加工流通要采用多元化模式，促进模式的创新。首先，在农产品加工业发展模式方面，可针对不同类型的产业，因地制宜地采取多元化的发展模式，提高农业生产的工业化水平，提升农产品多元化供给。如对于资源开发利用潜力大的产业，可通过循环经济的发展模式实现对资源的精深加工和副产品的循环利用，最大限度提高原材料的利用率，并通过联系相关产业，开发新产品，放大主导产业的关联效应；对于原材料依赖度大、加工技艺要求较高的产业，可通过产学研合作的模式提高要素质量与加工技术水平，从而提高产业市场竞争力；对于具备资源禀赋和区位优势的产业，可通过依托现有农产品生产基地或园区，配套发展相应的加工企业，形成一批关联紧密、分工协作良好的农产品加工产业集群，从而有效发挥产业的集聚效应。在农产品流通业发展模式方面，可完善以农产品批发市场或龙头生产加工企业为核心的农产品流通模式，实现"农超对接"，让超市连锁店直接深入田间地头采购，减少中间环节，满足消费者的购物需求。引导"农餐对接"，让产地农民农业合作社或者相关龙头企业直接为餐饮部门配送。进行"农校对接"，与当地学校食堂对接，确保食品的品质，进行"社区直送"，将蔬菜水果等直接送到居民社区，还可针对消费者需求进行订单销售，还可以建立"产消联盟"，将生产者和消费者组织起来，采用"会员制"或者"订单制"的方式进行精准对接。另外，可以积极推动农产品电子商务等新型流通模式的发展和应用，将"互联网+"引入农产品运输行业。同时，还要考虑创新农产品交易方式，利用网络交易、期货交易、信用交易、合约交易等形式，减少交易费用、缩减中间环节、降低流通成本。

三、规模经营组织化推进

推进高效农业规模化种植是促进农民增收、实现农村小康目标的重要途径，是建设社会主义新农村的重要任务。同时，土地规模化经营是回答未来农村"谁来种地"问题的最终答案。扶持种粮家庭农场、合作社、龙头企业等新型农业经营主体，培养新型职业农民，是发展现代农业的头等大事。

经营的规模、组织化程度等与农产品加工流通业的发展息息相关。首先，原料生产基地的专业化、规模化、集约化是农产品加工企业稳定发展的基础。然而，原料基地建设存在投入大、风险高以及与农户间联结困难大、矛盾多等问题，因而对经营的规模及其组织化程度有着较高的要求。目前，农村高标准的原料基地建设相对滞后，而分散的小农户生产难以保障加工原料的质量和数量。推动建设高标准的原料基地将有助于农产品加工企业推行标准化生产，并逐渐向精深加工转型，从而提高农产品的附加值。其次，农产品流通的效率和效益，与农产品流通主体组织化的发展水平、结构与规模等显著相关。提升农产品流通主体的组织化水平，有助于破解我国农产品面临的"小生产、大市场"矛盾，也是当前加快农产品流通现代化建设的必然要求。要引导农产品生产经营主体规模化、品牌化、专业化发展，树立现代经营管理理念；进一步鼓励农业产业化龙头企业和各种类型农业合作经济组织加快发展，尤其需重视扩大农民专业合作社的规模，促进农业规模化经营，保障农民权益；创造有利于大型农产品流通企业实施跨区域兼并重组和投资合作的条件，提高农产品流通主体组织化水平和产业集中度，更好地促进农产品市场的供需匹配。①

---

① 刘钢、海峰：《促进农产品流通业健康发展》，《经济日报》2019 年 8 月 7 日。

第五节　抓生态，优化乡村休闲旅游业

中国地域辽阔，自然地貌丰富多样，人文景观各有千秋，民风民俗淳厚朴实，乡村振兴战略提出后，乡村旅游业成为推动农村经济发展、带动农民发家致富、建设社会主义新农村、推动农村产业结构升级、改善农村就业环境、加强区域资源整合的重要途径。乡村休闲旅游业以乡村旅游资源为依托，以休闲为主要目的，以特定的文化景观、自然风光和服务项目为内容，集观光、休息、娱乐、游览、会友等多元目的为一体，可以满足不同消费者的需求。乡村休闲旅游业的兴起，一方面缘于人们对于"返璞归真""回归自然"的需要，另一方面是因为大量闲置土地可资利用，因此，乡村休闲旅游业将会成为农村发展的有力增长极。

2016 年，农业部会同发展改革委、财政部等 14 部门联合印发了《关于大力发展休闲农业的指导意见》，提出到 2020 年，布局优化、类型丰富、功能完善、特色明显的休闲农业产业格局基本形成；社会效益明显提高，从事休闲农业的农民收入较快增长；发展质量明显提高，服务水平较大提升，可持续发展能力进一步增强，成为拓展农业、繁荣农村、富裕农民的新兴支柱产业。同时，明确了加强规划引导、丰富产品业态、改善基础设施、推动产业扶贫、弘扬优秀农耕文化、保护传统村落、培育知名品牌七项任务。

2019 年，《国务院关于促进乡村产业振兴的指导意见》中也对优化乡村休闲旅游业作出了阐释：实施休闲农业和乡村旅游精品工程，建设一批设施完备、功能多样的休闲观光园区、乡村民宿、森林人家和康养基地，培育一批美丽休闲乡村、乡村旅游重点村，建设一批休闲农业示范县。

可以看出，国家在各个层面对发展休闲旅游业作出了一系列的规划，沿着以上的思路，我们可以作进一步的思考。

一、推进田园农业综合发展

2017 年，中央一号文件中指出，支持有条件的乡村建设以农民合作社为主要载体、让农民充分参与和受益，集循环农业、创意农业、农事体验于一体的田园综合体，通过农业综合开发、农村综合改革转移支付等渠道开展试点示范。田园综合体是集现代农业、休闲旅游、田园社区于一体的乡村综合发展模式，目的是通过旅游助力农业发展、促进三产融合。农业休闲综合体的综合产业链包括核心产业、支持产业、配套产业、衍生产业四个层次的产业群。核心产业是指以特色农产品和园区为载体的农业生产和农业休闲活动；支持产业是指直接支持休闲农产品的研发、加工、推介和促销的企业群及金融、媒体等企业；配套产业则是为创意农业提供良好环境和氛围的企业群，如旅游、餐饮、酒吧、娱乐、培训等；衍生产业是指以特色农产品和文化创意成果为要素投入的其他企业群。

二、发展休闲度假城乡共建

发展乡村旅游业，可以统筹城乡发展，进行三产融合，乡村旅游业起源于农业，建设于乡村，发展于本土，对于农村文化和农村生活都有重要的影响。将"好山、好水、好资源"转化为可利用的"活宝藏"，兴建一些休闲、娱乐设施，为城市游客提供休憩、度假、娱乐、餐饮、健身等服务。一是吸引城市资金，建立有品质有特色的度假村，利用当地的自然风光，舒适气候，优良生态，为游客提供休闲度假的绝佳场所。二是建立凸显当地优势的农家乐，利用农家的庭院、民风民俗，推广特色农家饭、特色渔场、特色农家活动以及传统文化项目，吸引城市居民下乡旅游。可以说，休闲度假村是统筹城乡发展的一个很好模式，可以增加城乡之间的有益互动。

三、引导古镇旅游传统点睛

古镇是非常宝贵的历史遗产，蕴含着中国上下几千年的传统文化和中国发展的轨迹，是彰显中国魅力的无上瑰宝，所以，我们要在可持续发展的基础上促进古镇旅游的发展。目前，古镇旅游业依然存在着单一化发展、真实性破坏、过度商业化、配套设施不完善等一系列问题，基于此需要做好可持续发展的长远规划：一是要详尽地整合评估和规划，切忌盲目开发。重要的历史文物、古迹需要做好保护，保护古村落的原始风貌。二是要丰富内容和创新发展，深刻挖掘当地传统历史文化，结合当地特色进行一定的创作，如杭州的"大宋千古情"、山西平遥古镇的"又见平遥"、云南丽江的"遗忘的时光"以及乌镇戏剧节，将艺术与古镇结合，在弘扬传统文化的同时，提高当地的旅游附加值。三是要规范市场和注重体验，要制定古镇旅游的行业规范，防止"欺客宰客""天价门票"等现象出现，政府应该提前做好商业规划，作出积极正向的引导，给客人宾至如归的感觉。

四、建立教育基地体验农业

农业农村可以承载一定的教育功能，建立乡村教育基地，可以对农民进行职业教育，使其掌握一定的科学技术和劳动技能，为生产、管理、服务第一线培养优秀劳动者。另外，也可以创办教育农场，它是兼有观光和教育功能的一种乡村旅游形式。经营者们通过收集、设计、建设一些与城市生活完全不同的农村设施，通过策划一些城市人从未接触过的农事活动，给游客新的信息、新的知识。

第六节　抓创新，培育乡村新型服务业

培育发展乡村新型服务业对于促进农民增收、推动农村产业发展、振兴农村经济具有重要意义。乡村服务业主要包括农业生产性服务、农业消费性服务和农村公共服务三大方面的内容。其中，农业生产性服务业主要面向各类农业经营主体，是为农业的生产、经营活动提供服务的行业，如农资配送、农技推广、仓储运输等。农业消费性服务则直接面向个体消费者，又可按照消费者的类型进行进一步的划分，如主要面向城市居民的乡村观光、体验、养生服务等，又如餐饮、零售、家政服务等与乡村生活息息相关的农村生活性服务业。农村公共服务则主要包括农村的科技服务、基础教育、医疗卫生以及政府提供的行政服务等。乡村新型服务业的发展状况是乡村产业发展的重要影响因素，其中农业生产性服务与农业消费性服务尤为关键。前者对现代农业发展具有重要作用，后者则是农产品价值提升的关键一环。

2019 年 1 月，中央一号文件明确指出发展乡村新型服务业。支持供销、邮政、农业服务公司等开展农技推广、土地托管、代耕代种、统防统治、烘干收储等农业生产性服务。充分发挥乡村资源、生态和文化优势，发展适应城乡居民需要的休闲旅游、餐饮民宿、文化体验、健康养生、养老服务等产业。加强乡村旅游基础设施建设，改善卫生、交通、信息、邮政等公共服务设施。

2019 年 6 月，《国务院关于促进乡村产业振兴的指导意见》也谈到，支持供销、邮政、农业服务公司、农民合作社等开展农资供应、土地托管、代耕代种、统防统治、烘干收储等农业生产性服务业。改造农村传统

小商业、小门店、小集市等，发展批发零售、养老托幼、环境卫生等农村生活性服务业。

发展乡村新型服务业是乡村振兴战略的客观要求，农村生产性服务业是实现质量兴农业、绿色发展的有效途径，此外农村消费性服务业是需要关注的重要新增长点，具有极大的潜力。如今的乡村新型服务业发展已找到正确的出口，与国家各个层面的发展相互配合支持，形成了有效合力。

一、利用脱贫攻坚政策合力

乡村新型服务业的发展，要与脱贫攻坚的相关政策形成合力。一些贫困乡村服务业落后，农民收入主要来自传统的种植农业，保持着"靠天收"的心态，与现代市场的发展脱节，如果不能进一步优化产业结构，转变生产方式，很可能会跌入越来越穷的循环。而如果只依靠政策的补贴，不从根本上改变产业发展的弊端，贫困地区的扶贫也难以取得成效。所以，发展农村新型服务业需要与脱贫攻坚相结合，利用好国家的政策，精准对接相关的产业，坚持农业农村优先发展，加快推进乡村的现代化进程，将脱贫攻坚的相关政策与当地的实际产业发展相结合，推进产业扶贫。

二、结合电商平台技术合力

乡村新型服务业的发展需要与现代社会的技术发展相结合，利用"互联网＋农业"的模式助力农村新型服务业的发展。农民生活服务、农村公共服务、农村生产服务是农村服务业最主要的内容，与农村传统服务业相比，如今的现代农村服务业正在由"劳动密集型"向"知识密集型"转变，经营方式多种多样。将"互联网＋"融入乡村服务业，可以推动乡村服务业的迅速发展。

三、创新城郊农业城乡合力

城郊农业是我们需要关注的一种比较特殊的农业，具有鲜明的特点，它受城区大市场的影响，要为城区人民提供大量的蔬菜、肉蛋奶等副食品，同时其农业生产效益也与城区市民收入密切相关。所以，城郊农业具有机械化、集约化、设施化及高效化的特征。城郊是发展现代新型服务业的绝佳地带，它同时具有庞大的消费群体和广大的农产品生产区，有着资金、技术、劳动力等得天独厚的优势，"生产—消费"的高度链接使这一地区的服务业有很大的发展空间，成为具有辐射带动作用的"黄金区"，据此，我们可以探索"城市延伸、农村靠拢、专业组织衔接"的农业与城市服务业融合发展的创新模式。一方面，通过资金支持、财政补贴、税收优惠、金融支持、普遍服务制度等多项政策措施，积极推动城市物流、金融、营销、品牌、渠道、研发、咨询等专业服务业下乡；另一方面，通过创新农业生产组织，提高农民生产组织化程度，培育和扶持龙头企业，创造对城市服务业的需求，吸引城市资本、技术、人才与服务下乡。构建农业产业化服务体系，可以推动农业生产方式的转变、农业产业链的延长，使农民分享二三产业利润，增加农民收入。

第七节　抓技术，发展乡村信息产业

信息化发展是当今世界经济与社会发展的大趋势，是全球经济竞争的重要一环。农村信息化是通信技术和计算机技术在农村生产、生活和社会管理中实现普遍应用和推广的过程。农村信息化是社会信息化的一部分，它首先是一种社会经济形态，是农村经济发展到某一特定时期的概念描述。它不仅包括农业信息技术，还应包括微电子技术、通信技术、光电技术等在农村生产、生活、管理等方面普遍而系统的应用。农村信息化包括了传统农业向现代农业进而向信息农业演进的过程，又包含在原始社会向资本社会进而向信息社会发展的过程中。

2019年，中共中央办公厅、国务院办公厅印发《数字乡村发展战略纲要》，指出到2020年，数字乡村建设取得初步进展。全国行政村4G覆盖率超过98%，农村互联网普及率明显提升。农村数字经济快速发展，建成一批特色乡村文化数字资源库，"互联网＋政务服务"加快向乡村延伸。网络扶贫行动向纵深发展，信息化在美丽宜居乡村建设中的作用更加显著。强调了发展数字乡村的重点任务，一是加快乡村信息基础设施建设，二是发展农村数字经济，三是强化农业农村科技创新供给，四是建设智慧绿色乡村，五是繁荣发展乡村网络文化，六是推进乡村治理能力现代化，七是深化信息惠民服务，八是激发乡村振兴内生动力，九是推动网络扶贫向纵深发展，十是统筹推动城乡信息化融合发展。

另外，2019年《国务院关于促进乡村产业振兴的指导意见》也指出，要发展乡村信息产业，深入推进"互联网＋"现代农业，加快重要农产品全产业链大数据建设，加强国家数字农业农村系统建设。全面推进信息进村入户，实施"互联网＋"农产品出村进城工程。推动农村电子商务公共服务中心和快递物流园区发展。可以说，发展信息产业是打赢脱贫攻坚战的重要手段，也是乡村产业振兴的必然选择。

一、加强宣传推广弥补鸿沟

目前，我国依然存在着城乡二元体制的问题，城乡发展并不平衡，城市与乡村之间，特别是与一些偏远贫困地区之间存在着"数字鸿沟"。"数字鸿沟"是指在全球数字化进程中，不同国家、地区、行业、企业、社区由于对信息、网络技术的拥有程度、应用程度以及创新能力的差别而造成的信息落差及贫富进一步两极分化的趋势。城乡之间的"数字鸿沟"缘于乡村信息基础设施的落后，在这种情况下，加强农村信息化宣传显得尤为重要。农民科学文化素质普遍较低，信息化人才储备缺乏，信息化教育没有跟上，人们对信息化建设的重视不够，所以，各级政府应该加强相关的信息宣传，将信息化培训纳入农村教育体系，普及相关的信息化产品。

二、搭建网络平台融合发展

农村电子商务，通过网络平台对接农村的资源、拓展农村的信息服务，能够有效地助农、惠农，并且能够有效调整农村产业结构，优化产业链。"淘宝村"是推进乡村信息化发展可以借鉴的一种重要模式。"淘宝村"是指活跃网店数量达到当地家庭户数 10% 以上、电子商务年交易额达到 1000 万元以上的村庄，在电子商务比较发达的浙江、广东、江苏等地出现了一批专业的"淘宝村"，农村的产业加上电子商务的平台，可以非常有效地对接消费人群。

三、推进资源统筹跨域整合

发展信息产业，对于贫困地区的资源统筹、跨域发展是很重要的。通过建立电子交易平台与信用体系，可以实现贫困地区产源与市场的对接，因为贫困地区交通不便、信息不畅，其产品只能在临近地区进行销售，产品地方特色虽得以保护，但是市场化严重不足，产品生产规模、加工层次缺乏市场驱动，区域经济发展长期滞后。我们可以将贫困地区的产品进行整合，并且与相关电商平台进行公益合作，搭建相关的扶贫平台，根据不同地区的需求和条件进行深入的评估，构建多样化的销售模式，线上线下联动发展。

四、探索信息建库科学利用

地方志是记录一个地区历史文化的重要宝藏，现如今更应该发挥大数据的作用，将农业产业的资源信息进行整合，建立相关的数据库进行管理，一方面可以对当地的产业发展作出一些评估，另一方面也可以通过数据化信息找到发展的脉络和突破口。信息库，可以分为产业数据、人才数据等各个方面，建立乡土人才数据库是一个比较值得推广的思路。新农村的建设离不开人才的支撑，发展产业更需要有益的人才引导，所以可以建立相关的人才数据库，将离土离乡的人才和本土人才都详尽记录下来，一些专家学者和高新技术人才也需要记录下来，只有利用这些人才反哺故里、回报家乡，才能达到"聚各方人才，兴一方乡土"的目的，这些人才掌握一定的劳动技能、生产经验、专业知识抑或是经济资本，他们可以组成一支高质量的乡村人才队伍，助力乡村的脱贫攻坚，为乡村振兴注入不竭的动力。

总的来说，发展乡村产业要抓基础、抓特色、抓效率、抓生态、抓创新、抓技术，从现代种养业、乡土特色产业、农产品加工流通业、乡村休闲旅游业、乡村新型服务业、乡村信息产业六个方面着手。产业兴旺是乡村振兴的重要一环，更是脱贫攻坚的重要支点，产业兴、经济旺、人才盛，建立一个长效的扶贫机制，才是在后脱贫攻坚时代打好扶贫攻坚战、收好尾的关键。脱贫攻坚与乡村振兴具有深刻的内在关联性，只有将脱贫攻坚与乡村振兴统筹起来，才能更好地打造一批兴农惠农助农的乡土产业，才能更好地激发乡村的内生动力。

第三章

第 三 章

优化乡村产业空间结构

第一节 优化乡村产业空间结构的社会背景

如果没有产业基础提升乡村经济内在"造血"能力，脱贫攻坚作为一个长期任务将变得不可持续。同样地，产业兴旺作为乡村振兴的重要基础，是解决农村一切问题的前提。在两大战略的政策叠加期、历史交汇期，产业要怎么发展成为脱贫攻坚与乡村振兴衔接研究的关键主题。在厘清乡村产业的内涵特征，解决了"抓什么"的问题后，产业振兴"怎么摆布"的实现路径问题自然进入人们的研究视野。吸取 20 世纪八九十年代乡镇企业"村村点火，户户冒烟"的教训，必须对乡村产业空间布局进行科学、优先安排，才能"忙而不乱"。

乡村产业布局不是一个新概念，在当前脱贫攻坚与乡村振兴衔接阶段研究产业如何摆布，不可避免地需要回溯历史，从我国农村产业发展过程中总结产业布局规划上的经验教训，认清现状，以期更好地推进实践探索。党的十一届三中全会以来，中国特色的农村社会发展模式逐渐形成。一般将这种农村现代化的模式分为四个步骤：家庭联产承包责任制、乡镇企业、小城镇、城乡一体化和区域现代化。

一、乡镇企业布局存在的问题

家庭联产承包责任制将土地经营权分给了农民，传统种养业的自主活力得到激发，随之乡镇企业的崛起带动了整个农村经济的繁荣。1985 年乡镇企业产值占农村社会总产值的比重为 43.5%，1987 年首次超过了农业总产值，达 52.4%，1991 年进一步上升到 59.2%，"七五"期间农村经济总增长量中，乡镇企业贡献份额占了69%。① 正如邓小平在1987年的一次讲话中所说，我们完全没有预料到的最大收获，就是乡镇企业发展起来了，异军突起。

在基层政府创业冲动与广大农民致富愿望的双重合力下，乡镇企业一时间呈现出"乡办企业办在乡、村办企业办在村、户办企业办在家"的布局态势，可谓是"村村点火，户户冒烟"。据统计，1992年我国2079.2万个乡镇企业80%分布在村落原野，7%分布在行政村所在地，分布在集镇的不足12%，分布在县城以上的不足1%。② 这种地域层次的布局差异使得农村城市化远远滞后于工业化，不符合经济发展客观规律。

伴随分散布局而来的还有规模与结构上的问题。乡镇企业大多是劳动密集型企业，虽可解决劳动力就业问题，但其规模普遍较小。1991年平均每个乡村企业有职工33.1人，固定资产原值18.2万元，产值53.6万元；平均每个联营和户办企业仅有职工2.8人，产值2.2万元。在结构上，乡镇企业行业布局明显趋同。根据1990年资料计算，作为乡镇企业主要组成部分的乡村工业行业产值结构与全国县以上的工业行业产值结构的相似系数达0.83，全国东中西区域分行业结构相似系数高达0.9以上。③

这种地区分散、规模狭小、结构趋同的布局给乡镇企业乃至整个农村经济发展带来了消极影响。归纳来看，至少有以下几个方面④：第一，占用耕地过多，加剧了我国土地资源的短缺状况。乡镇企业吸纳了8000多万农业剩余劳动力，而其代价是占用1亿亩耕地。乡镇企业职工人均占地

---

① 王群会：《乡镇企业布局问题研究》，《经济研究参考》1993年第6期。
② 严从怀：《略论乡镇企业的布局与农村城市化问题》，《乡镇企业研究》1995年第11期。
③ 王群会：《乡镇企业布局问题研究》，《经济研究参考》1993年第6期。
④ 方承：《论乡镇企业微观布局的优化》，《农村金融研究》1990年第6期。

面积达 1 亩多，超过城市工业企业职工人均占地数十倍。由于办厂分散，有的企业地处偏僻，还不得不专门修筑一条道路，这又增加了土地占用。

第二，基础设施重复建设，投资过大。当时乡镇企业不论厂大厂小，都要自行解决供电、供水、供热、道路、运输、通信、仓储等问题。由于无法跨区域统一配置，基础设施建设重复率高，成本过大，资源浪费严重。

第三，经济效益难以提高。乡镇企业"各自为阵"、相对孤立分散的布局使得物资运输、信息传递和资金结算等过程缓慢，既增加了成本，也难以形成分工协作的联合优势，更难以取得规模效益。且由于布局偏僻，第三产业发展滞后，对管理技术人才缺乏吸引力，也影响了行业整体人力、技术资源的优化。

第四，农业剩余劳动力不能彻底摆脱对土地的依附。农民"离土不离乡""进厂不进城"，虽变为乡镇企业职工，但基本上没有就业和其他社会保障。他们既务工又耕田，没有从土地上解脱出来，也无法使土地相对集中，形成农业的规模经营。

第五，污染难以治理。乡镇企业在生产过程中，大多缺乏环境意识。它们直接向河流、土壤和空气中排放"三废"，破坏了生态环境，却缺乏治理意愿，造成极大经济损失。

二、乡镇企业分散布局的教训与回应

进一步深究这些消极影响与问题背后的原因可以发现，改善乡镇企业布局需要从国家、基层政府、乡镇企业与农民这几个主体入手。从国家角度来看，宏观战略政策存在缺位。城乡隔离的二元户籍制度、优先发展城市重工业战略以及相伴而生的城乡居民在诸多方面的差异性政策，从某种意义上牺牲了农村与农民的利益，阻碍了农村经济社会的发展。受制于战略政策，农民难以稳定地进入城市，更不用提组织化地开辟产业，只能分别在本地创办或进入乡镇企业。此外，对于城乡之间产业如何布局分工、如何协调发展，也没有提供一个可行的战略计划作指导。

从基层政府来看，行政思想与管理方式存在偏误。基层政府在鼓励创办乡镇企业时一开始就强调"三就地"原则，后来虽突破了"就地取材，就地销售"，但"就地办厂"始终没有完全改变，最终形成了"乡办企业办在乡、村办企业办在村、户办企业办在家"的布局态势。此外，有的主管部门甚至认为"点多面广"是乡镇企业的特点，因而人为地放松管理，任其遍地开花。不少地方还提出"消灭企业白点村"的口号，主张所有的乡镇都要上项目、办企业，并采取不适当的行政手段，下达硬性指标来考核当地经济发展。[1]

从乡镇企业的角度来看，一方面，其客观属性具有一定的局限性。乡镇企业都具有鲜明的乡村社区属性，乡办乡有，村办村有，泾渭分明，这就使得企业异地组合非常困难，企业之间的利益难以协调。有的企业虽然有意愿调整布局或搬迁到交通运输方便、基础设施比较齐全的集镇上，却又在土地使用权方面遇到困难。因为以往政策规定土地所有权属于谁使用权也归谁，集镇附近的土地只能由集镇附近的农民支配使用。加之基层政府为了本地区的利益，势必也会限制乡镇企业跨区域流动。这样一来，自然就将乡镇企业布局限制在了当地。另一方面，乡镇企业有其自身考虑。单个企业经营者会努力降低生产成本，最大化经济效益，因此他们倾向于"三就地"。孤立地、短期地来看这的确有利于成本降低，但其忽视了产业聚集带来的长远、综合经济效益。对于乡镇企业创办者而言，他们本身也是市场经济"吃螃蟹的人"，短时间难以发现这一规律。且受限于市场信息与产业规划不足，乡镇企业创办者在布局选点发展企业时也具有一定的

---

① 方承：《论乡镇企业微观布局的优化》，《农村金融研究》1990 年第 6 期。

盲目性。

从农民的角度来看，中国传统的求安求稳保守思想在他们头脑中根深蒂固，分散办厂正符合农民的兼业生产要求及留恋故土的愿望。① 从情感上讲，农民"安土重迁"，不愿放弃世代居住的家园。从理性上讲，就地非农产业"看得见、摸得着、拿得到"，农民还随时可以兼顾农业生产，相当于双重收益。

这些问题在 20 世纪 90 年代中后期乡镇企业布局调整与整体改革时得以回应。1997 年，当相当多数的乡镇企业面临亏损和改制的双重压力时，《中华人民共和国乡镇企业法》在元旦实施，乡镇企业被重新定义。过去，乡镇企业主要指乡村集体经济举办的工厂、商店，强调的是所有制。现在，人们开始更多地从地域上来界定乡镇企业：只要地处乡村，利用农村资源，以农村劳动力为主的，就是乡镇企业。法律的颁布从国家层面破除了乡镇企业的社区属性与所有权的限制。此外，在指导方针上，提出坚持"积极扶持，合理规划，分类指导，依法管理"，引导乡镇企业进一步调整结构和布局，提高经济效益和产品质量，保持适当发展速度，使之与整个国民经济协调发展。在宏观布局上，强调全面加快发展乡镇企业的同时，特别要扶持中西部地区和少数民族地区乡镇企业的发展，逐步推进乡镇企业相对集中布局和加快小城镇建设。

三、小城镇建设时期产业布局的调整方向

小城镇是城乡交流的纽带，是城市与农村之间的缓冲地带，既有利于缓解城市压力，也可避免农村劳动力过于分散的转移。建设发展小城镇

---

① 赵民、孙斌栋：《经济发达地区的乡镇企业布局与小城镇发展》，《城市规划》1996年第 5 期。

的战略在"十五"规划时期首次出现，在"十一五"规划中被列入国家战略。当时乡镇企业发展的"瓶颈"进一步凸显了小城镇建设的重要性，而作为小城镇产业基础的乡镇企业在新一轮发展中也迎来转型升级。

如前所述，推动乡镇企业集中向小城镇布局是我国乡镇企业与小城镇发展共同的调整方向。一方面，对于小城镇而言，其产业布局不应该不分主次平均发展，而是要在较大的区域范围内统一考虑，提倡乡镇企业的资源跨镇域流动。在合理的城镇密度基础上，需要选择条件好、发展潜力大的小城镇重点发展，并逐步向中小城市过渡。根据规模经济和资源流动的可行性，区域城镇体系应该是"小城镇—中心城镇—小城市—中等城市—大城市"这样一个合理的等级序列。[①]

另一方面，对于乡镇企业而言，与布局分散对应的是产业聚集，它指一群具有分工性质的企业为了完成某种产品的生产联合而组成的群体，主要是通过大型贸易市场和工业园开发区建设带动。在此背景下，建立农村工贸小区，成为农村产业发展的内在要求：[②]将企业聚集在人口相对集中、易于获取各种生产要素、交通便利、信息灵通的地区，这不仅可以增强乡镇企业在空间上的集聚程度，改变其"低、小、散"格局，促进第三产业发展，还可以为乡镇企业提供便利的要素市场，有利于采购原料、推销产品、筹集资金和雇请员工，为企业降低生产成本、提高经济效益创造条件。此外，也有利于农村工业污染集中治理、降低治理成本、提高治理效率等。

最初提出建设农村工业小区的构想，主要得益于日本的经验。第二次世界大战之后，日本中小企业的发展对日本振兴发挥了巨大作用，通过

---

① 赵民、孙斌栋：《经济发达地区的乡镇企业布局与小城镇发展》，《城市规划》1996年第 5 期。

② 刘世锦：《产业集聚及其对经济发展的意义》，《改革》2003 年第 3 期。

"工业团地"的空间组织形式，对分散在城市街道内和乡村的工业活动加以集中。这种工业小区的调整方向优化了乡镇企业的空间布局和组织结构，形成了集聚效应和规模经济效益，在多地乡镇企业的实践中得以证明。

归纳起来，不同试验区的调整探索形成了一些有益经验。当前脱贫攻坚为乡村打下一定的经济社会基础，这些经验对于脱贫攻坚与乡村产业振兴的衔接实践也有所裨益。[①] 第一是科学规划、统一建设，通过政策导向，促进乡镇企业集中发展。如安徽阜阳试验区在工商、税收、信贷等多方面制定优惠政策，增加工业小区对投资者的吸引力，同时严格规定项目引入的条件，提高准入起点，由此推动企业革新与园区整体水平提升。且由政府部门对工业小区选址、发展方向进行科学论证，统一征地、统一开发。

第二是创新户籍管理制度，开通城乡融合的新路子。如湖南怀化试验区设立既非农村又非城市的第三种户籍制度，通过办理只在当地有效的城市新开发区户口，吸引农民投资，创办第二、第三产业。

第三是实行股份合作制，明确企业产权关系。如阜阳试验区双涧工业小区的塑编厂本来是资不抵债、被迫停产的私营企业，后来通过一家集体企业参股 75 万元，改造成产值 200 万元以上的股份制合作企业，既利用了原来企业较好的产品销路，又避免了投资建设新厂带来的浪费。

第四是试办为工业小区服务的民间金融组织。传统乡镇企业取得国家金融机构贷款支持本就相对困难，对于离开本土来工业小区开办的新企业而言，信贷资金支持的需求更为迫切。如阜阳 11 家民间金融服务社在人民银行分支机构的指导下，在工业小区企业融资过程中发挥了重要作用。实践证明，试办金融服务社等组织有助于解决资金周转的燃眉之急。

第五是建立多元资金投入机制，可以吸引利用外资，可以出让土地，

---

① 冉明权、李岩东：《农村工业化与城镇化同步发展的尝试——乡镇企业工业小区试验改革的工作报告》，《管理世界》1993 年第 3 期。

可以把公用设施作为产业来投资经营，等等。如广西玉林试验区石南工业
小区实行"谁投资、谁所有、谁受益"的原则，促进土地使用商品化，保
护投资者合法权益。镇政府还通过集资形式进行旧街道改造，兴办文化、
教育、娱乐、游览产业，促进整体社会发展。

四、城乡一体化与乡村振兴战略下产业布局发展的现状

总体来看，我国城乡发展大致沿着这样一条道路演变：乡镇培育城
市—城乡分离—城乡对立—城乡联系—城乡融合—城乡一体化。我们通常
认为，城乡关系是一定社会条件下政治关系、经济关系、阶级关系等诸多
因素在城市和乡村两者关系上的集中反映。[1] 城乡一体化则是指在生产力
发展到一定程度的基础上，城乡之间通过统筹补充、相互促进，实现经
济、社会事业和生态环境整体性的协调发展。由此，从小城镇建设时期推
进到城乡一体化的过程即是"农村城市化—城镇现代化"的过程，相应的
产业布局也应向着现代化、一体化迈进。

然而，随着小城镇建设起来，并不断受到"城乡一体化"等战略重视
时，传统乡村尤其是那些还没有升级为小城镇的乡村仍旧处在产业凋敝、
发展落后的弱势地位。在城乡一体化政策的推动下，城市工商业资本瞄
准了落后的传统乡村，席卷而来的下乡资本似乎给乡村注入了经济活力，
但随着实践的深入，资本下乡创办产业的弊端暴露出来。在布局上，资
本扎堆涌入，出现了以各种名义圈占农村土地、擅自改变土地用途、缺
乏宏观规划等乱象。一些公司以发展生态农业的名义，在农村租借大量
土地，建设私人农庄、会所，仅利用其中小部分象征性地搞一点农业开发
项目；甚至不事生产，搞资本运作，把圈来的大面积农地再高价出租给其

---

① 李泉：《中外城乡关系问题研究综述》，《甘肃社会科学》2005 年第 4 期。

他企业。①

在这种背景下，激发农村经济社会发展内生活力的重要性越来越突出。党的十九大报告指出，"农业农村农民问题是关系国计民生的根本性问题，必须始终把解决好'三农'问题作为全党工作重中之重"②，实施乡村振兴战略。这与城乡一体化战略都强调大力发展农村经济，实现农业产业结构升级和提高农民收入，促进社会公平。某种程度上，城乡一体化是实现乡村振兴的具体途径，二者是改变我国城乡二元结构的有效策略。当前，脱贫攻坚战进入最后决胜阶段，农村经济社会条件已得到一定的改善。作为乡村振兴基础的产业发展势头良好，有以下表现：③现代农业加快推进、乡村产业形态不断丰富、乡村产业融合渐成趋势、利益联结机制逐步构建、农村创新创业日渐活跃、产业扶贫扎实推进。

不过其布局过程也暴露出不少问题：一是发展质量效益不高。如休闲旅游产业普遍存在同质化现象，缺乏小众类、精准化、中高端产品和服务，品牌溢价有限。乡村产业聚集度较低，仅有28％的乡村产业集中布局在各类园区。二是产业要素活力不足。稳定的资金投入机制尚未建立，农村土地空间利用低效、粗放和新产业新业态发展用地供给不足并存等。三是产业链条仍然较短。产业布局向后延伸不充分，多以供应原料为主，从产地到餐桌的链条不健全。精深加工与生产生活服务的第二、第三产业布局不足。四是产业基础设施布局仍然薄弱，城镇向乡村延伸辐射不足。一些农村供水、供电、供气条件差，道路、网络通信、仓储物流等设施未

---

① 长子中：《资本下乡需防止"公司替代农户"》，《红旗文稿》2012年第4期。

② 习近平：《决胜全面建成小康社会　夺取新时代中国特色社会主义伟大胜利——在中国共产党第十九次全国代表大会上的报告》，人民出版社2017年版，第32页。

③ 韩长赋：《乡村产业发展势头良好——国务院关于乡村产业发展情况的报告》，《中国合作经济》2019年第4期。

实现全覆盖。产地批发市场、产销对接、鲜活农产品直销网点等设施相对落后，物流经营成本高。农村垃圾集收运和污水处理能力有限，先进技术要素向乡村扩散渗透力不强，产业发展的环境保护条件和能力较弱。

第二节　乡村产业布局的原理与案例

改革开放以来，乡村产业布局历经乡镇企业阶段"村村点火，户户冒烟"的分散格局、小城镇建设时期工业小区的调整探索以及城乡一体化与乡村振兴战略下的困难。回溯历史与现实，这些经验与教训给予了当前脱贫攻坚与乡村振兴衔接研究中产业"怎么摆布"问题极大启发。这一节将简要梳理产业空间布局规划领域的理论、观点，并综合产业布局方面的经验与教训作重点分析归纳，同时穿插一些具体案例与政策文本内容分析，以期形成方法论层面的指导。

一、产业空间布局规划领域的理论基础

乡村产业布局规划在学理上属于城乡规划学的研究领域，涉及经济学、环境学、生态学等多学科领域。产业空间布局规划作为产业规划的一部分，是基于对当地的前期分析与未来发展预期而作出的在物质空间上的布局规划措施，它需要不断与地方政府及经济主体交流互动，并通过及时反馈的信息进行调整，是一个动态的、不断更新的过程。[①]

在经济学领域，产业空间布局规划的理论基础主要是产业区位理论和

---

① 吴扬、王振波、徐建刚：《我国产业规划的研究进展与展望》，《现代城市研究》2008年第1期。

区域开发与布局理论。① 产业区位理论来源于古典经济学，多以原料、燃料、运费、地租及劳动力中一到两个因素进行静态分析，考察其与产业分布的关系。这一理论形成的标志是德国科学家杜能农业区位论和韦伯工业区位论的提出，主要特征仍是立足单一企业的成本和运费最低。

区域开发与布局理论则假设区域经济发展是一个动态的过程，随着发展水平与方向的变化遵循不同规律，具体有比较优势、增长极、产业集群、"点—轴系统"等规律理论。比较优势理论强调了区域独有的生产特色，可以指导产业布局在最能充分利用资源的地区，以便扬长避短，也即人们常说的"人无我有，人有我优，人优我特"。增长极理论建立在区域经济发展不平衡规律的基础上，认为主导产业的产生和发展对自然与社会资源有特定的要求。因此，产业布局时首先要把有限的资源集中配置到发展潜力大的主导产业上，不断培育、强化产业增长极的实力，然后通过主导产业的扩散效应带动区域整体的发展。产业集群理论强调区域分工的重要性以及发挥各种资源要素整合能力的作用，追求适合区域具体特征的发展道路，突出技术进步和创新对产业布局的意义。"点—轴系统"理论将区域经济看成是由"点"和"轴"构成的网络体系，"点"是指具有增长潜力的中心地域或主导产业，"轴"是指将这些地区、产业联系起来的基础设施带，即产业要有效地向增长极轴线两侧集中布局，由点带轴、由轴带面。

在环境学、生态学领域，主要涉及环境承载力和产业生态学理论。如前所述，产业集群是经济社会资源实现高效配置的方式，然而并非产业的集群程度越高，产生的经济效益就越高。当集群程度超过一定限度，其优势就会逐渐消失。尤其当产业发展超过了区域环境承载力时，会导致环境

---

① 曹颖：《区域产业布局优化及理论依据分析》，《地理与地理信息科学》2005 年第 5 期。

质量急剧下降，影响可持续发展。因此，在布局不同产业、规划不同空间时，必须考虑其组合影响是否会超过环境承载力，不可"贪多求全"。

另一种作为对产业集群与发展弊端回应的理论是产业生态学，有些学者也将其发展为产业生态圈，它要求协调而非孤立地看待产业系统与其周围环境的关系，是一种试图对整个物质循环过程加以优化的方法。因此，产业生态学强调，合理的产业布局要使产业的空间地域聚集在结构上有利于形成良性的物质循环和能量流动，形成各产业主体间相生相克、协同进化的局面。建设生态产业园区即是这种理论的应用，园区根据地域内的资源优势模拟自然生态系统进行产业组合，形成相互关联和互动的产业生态链或生态网，并采用废物交换、清洁生产等手段将产业发展产生的废料进行回收再利用，实现物质闭路循环和能量多级利用。

二、不同阶段乡村产业布局的实践原则

就我国具体实践而言，上述理论的运用体现为不同阶段乡村产业布局时的各种指导原则，如乡镇企业时期提出的适度集中、指向性、环境保护和生态平衡原则以及要正确处理的五对关系，小城镇建设时期农村工业小区正确选择类型、合理布局与慎重选址、加强组织领导和协调工作原则，城乡一体化与乡村振兴时期规划突出特色、关注贫困地区、保障粮食安全等原则以及科学合理布局、优化乡村产业空间结构的指导意见等。

首先，乡镇企业时期，分散布局的教训使得适度集中原则成为调整重点。当时采取"相对集中与绝对集中相结合而以绝对集中为主"的宏观调控政策。[①]"绝对集中"的地域范围主要是县城，以地方政府的名义明确规定就地办厂的经济条件，明文禁止一些偏远闭塞落后的乡村就地办厂。一

---

① 严从怀：《略论乡镇企业的布局与农村城市化问题》，《乡镇企业研究》1995 年第 11 期。

般来说，县城经济社会发展较乡村好，在此周围建立乡镇企业开发区可以连接城市与乡村，形成集聚效应。而"相对集中"则是对不该或不能集中于城镇的乡镇企业，如污染严重的工业搬到地理环境、资源条件适宜的地域。

其次是指向性原则。一个乡镇企业如果既接近原料、燃料、动力的供应地，又接近产品的消费区，是最为理想的。但这种最理想的状况在现实中往往很少同时具备。这时就要综合分析比较寻找最优布局指向，具体考量原料、市场、能源、劳动力、技术等因素。

最后是环境保护和生态平衡原则。一般而言，"三废"排量大且尚无较好防治条件的企业，应远离居民稠密区、水源保护区、自然保护区，还要注意不能破坏风景古迹，保护好历史文物、古建筑和遗址，保护好自然景观。就企业内部厂区布局来说，那些产生烟雾、粉尘和有害气体的车间，应布置在厂区边缘地带，并位于厂区和生活区的下风向，以减轻污染。[1]

此外，2002年全国乡镇企业布局调整工作会议上，时任农业部副部长齐景发强调，在布局实践中必须处理好以下几个关系：[2] 第一，要正确处理集中发展与分散发展的关系；第二，要正确处理建设乡镇企业园区与小城镇建设的关系；第三，要正确处理劳动密集型产业与资本、技术密集型产业的关系；第四，要正确处理竞争与分工协作的关系；第五，要正确处理调整产业结构与防止产业趋同的关系。上述原则与关系对于今日调整乡村产业布局仍有所启发。

小城镇建设时期，农村工业小区作为一项布局规划较为复杂的系统工程，在发展到一定阶段后有以下原则值得借鉴。首先是正确选择类型。当时的农村工业小区在规划时大体分为三种类型：[3] 一类是相对集中的同行

---

① 方承：《论乡镇企业微观布局的优化》，《农村金融研究》1990年第6期。
② 齐景发：《正确处理乡镇企业布局调整中的几个关系》，《乡镇经济》2002年第7期。
③ 方承：《论乡镇企业微观布局的优化》，《农村金融研究》1990年第6期。

业或同类产品企业组成专业性生产的工业小区；二类是以骨干企业为龙头，实行产品扩散，大厂带小厂，形成协作配套生产的工业小区；三类是以集镇为中心，组建囊括工业、商业、交通业、饮食业、服务业等在内的综合性、多功能的工业小区。在当前乡村产业振兴中结合不同地域发展实际也可探索上述三类甚至新的工业小区模式。

其次是合理布局，慎重选址。这里着重介绍合理布局中的"经济合理"，即包括数量与规模限制。如果布局太多，处处都有工业小区，处处都有发展重点，就会变成处处都不会发展成为重点。当时，对于工业小区的布局规划严格执行审批程序，从试验区到经验推广都有宏观把控，避免了"一哄而上"与"一哄而散"。如果规模太大，不断对园区"做加法"，将别处有的都搬过来，不仅会增加成本、浪费资源，还会使工业小区失去特色。

最后是加强组织领导和协调工作。对于完善组织管理机构，农村工业小区在不同时期有不同做法：在创办初期成立领导协调小组，由当地领导任组长，土地、工商、税务、农行、环保等部门的主要领导为成员；待发展到一定规模，条件比较成熟后，再组织工业小区集团董事会，在区内民主选举产生董事长、总经理及有关管理人员。且整个产业发展过程都有来自地方政府的政策扶持，如土地管理制度、户籍制度的调整，工业小区同其他部门、地区的关系协调，等等。

城乡一体化与乡村振兴时期，对于产业布局的指导性原则、意见主要有两个来源：一是第十三届全国人大常委会第十次会议对《国务院关于乡村产业发展情况的报告》的意见和建议，二是占据统率性地位的《国务院关于促进乡村产业振兴的指导意见》。本部分将对前一个报告作具体介绍，后一个指导意见对当前乡村产业布局提出了详细的实践路径，也是第三节的主要阐述内容，故此处暂略。

全国人大的意见与建议中，指出了不少地方乡村产业多集中布局在周期短、门槛低的传统种养业，形不成产业链，打不开市场；有些地方跟风复制、一拥而上，产业布局同质化，导致产品过剩和过度竞争的问题。

由此，首先，在规划突出特色方面，建议政府有关部门要做好前期调研论证工作，加强对乡村产业发展的总体规划，按照"先规划，后建设"的原则，规范和引导乡村产业发展，先搞试点，再做推广；充分考虑当地资源优势，做到因地制宜、突出特色，加快推进农业"品种品质品牌"建设工程，以良种提品质、以品质树品牌。

其次，在关注贫困地区方面，建议有计划、有重点地实施特色产业培育提升工程，大力发展根植乡村的特色种养业、传统手工业、乡村旅游等特色产业；同时加强当地产业基础设施建设，如打造冷链物流体系、做好电子商务平台对接等，补足产业发展短板，下功夫破解农畜产品产出来、运不出、卖不好的问题。

最后，在保障粮食安全方面，建议进一步完善粮食主产区利益补偿机制，完善扶持粮食生产政策举措，压实粮食主产区、主销区以及产销平衡区粮食稳定生产的责任，推进国家高标准农田建设项目，优先保证项目在粮食生产主产区落地。这两方面建议措施为宏观区域产业布局提出了要求，也是当前脱贫攻坚决胜阶段以及"后脱贫攻坚"时期城乡一体化、乡村振兴衔接、落实的重要方向。

三、不同阶段乡村产业布局的相关案例

上述原则或是意见、建议集中体现了产业空间布局规划的基本理论与思想，在不同阶段为乡村产业发展实践提供了方向、策略上的指引。那么，基于这些指引，乡村产业发展与布局到底进行了哪些探索呢？下面的国内外典型案例将使这个问题有例可循、有据可考。

国内方面，山东省济阳县孙耿镇卓有成效的集地开发、设立农村工业小区的做法为乡镇企业的集中布局、小城镇建设发展提供了空间与新思路。国际方面，日本的"一村一品"、韩国的"新村运动"、法国的"产业开发"则更为直接地为当前乡村振兴产业布局提供了借鉴。接下来将逐一呈现这些案例供读者阅读思考。

案例一　我国孙耿镇"集地开发"①

1991 年前，孙耿镇是一个典型的农业乡镇，由于种植结构单一，加上产量低而不稳，经济发展非常落后，排在济阳县倒数。20 世纪 80 年代中后期，孙耿人掀起了发展乡镇企业的热潮，开始走上自主的"脱贫攻坚"之路。当时全镇上下筹集资金，45 个村硬支起 40 多个小型企业。但这些"小锅灶"在市场大潮中多以停业、关门告终，保留下来的产业也效益不佳。1991 年，全镇人均收入仅 617 元。1992 年起镇政府开始力推集地开发战略，具体做法可以归纳为"邻村换地、集零为整"。镇政府统一组织，按人均 0.0555 亩的面积，从各个村调地，把调出来的地集中到交通便利的 104 国道两侧，设立开发小区，作为全镇共有的乡镇企业和乡镇发展用地。调地从全镇最外围的村开始，遵照"相邻"和"给好地"的原则把地拨给内侧的邻村；内侧的邻村按本村应调出的土地面积加上外侧邻村换入的土地面积遵照同样的原则把地拨给更内侧的邻村，以此类推。最后经核实，集中起来的土地为 1535 亩。小区形成以后，建立了相应的组织，统一规划、管理和建设，除一定面积的土地（事先确定人均 0.01187 亩）属于全镇的公共用地外，各村有权使用自己村所调出土

---

① 曹广忠、周一星：《论乡镇企业的集中布局——孙耿模式研究》，《经济地理》1997年第 1 期。

地的相应份额发展村办企业，也可以引进外资或合资办企业。对小区尚未利用的土地，暂时以优惠的条件承包给农民耕种，并不撂荒。集地完成以后，为吸引企业来小区落户，镇政府多方筹措资金，大搞基础设施建设，优化投资环境。如投资 3000 多万元架设了两条供电专线；协调金融部门投资 700 多万元建了四处金融营业场所；投资 10 万元新建了日供水能力为 3000 吨的自来水厂；等等。镇政府还注重优化软环境，规定凡在开发区创办的生产、经营企业一律可享受国家允许的沿海开放城市和高新技术开发区所得税三减两免的税收政策和其他优惠政策。3 年多的时间里，除本镇的镇、村办企业外，工业小区还引进了多家大企业前来落户。自 1991 年到 1995 年，全镇的工农业总产值由 0.6 亿元增加到 8.21 亿元，农民生活水平整体大幅提升。

案例二　日本大分县"一村一品"①

20 世纪 60 年代，日本经济高速增长，促使人口、产业急剧向城市集中，由此出现了"城市过密"和"农村过疏"问题。70 年代，由于石油危机，大量能源型企业、项目难以启动，越来越需要发展效率高、能充分发挥地区特点的节能产业。在此背景下，80 年代初，日本大分县知事平松守彦在当地发起了"一村一品"运动。首先，以振兴农产品为目标。他们围绕地方特色抓了产地建设、基础建设、名牌培育、人才培养 4 个环节，强调因地制宜布局产业基地，如以姬岛村、鹤见町、蒲江町为代表的水产品基地。且以新的构思开发能代表各市、町、村不同区域特色的农产品。其次，将一次农产品略作加工，延长产业链，加强城市产业与乡村产业之间的垂直联系，如根据城市消费者偏好加工"梅子蜜""吉四六酱菜"

---

① 李乾文：《日本的"一村一品"运动及其启示》，《世界农业》2005 年第 1 期。

等。再次，推进整个地区层面的共同协作。尽力布局与当地居民日常生活直接相关、充分利用当地原材料的特色产业，同时在建立原料聚集体制和建设加工厂等方面，对每个特定的生产单位给予个别化的指导与整体的协调，使得市、町、村在产业布局与发展中"各司其职"。最后，不可忽视的是大分县采取的行政对策，包括设立地区特产开发推进事业部、农产品加工振兴对策事业部、地区土特产品开发育成对策事业部、加强"一村一品"运动的资金扶持等，这中间政府始终采取一种辅助的态度，而不是大包大揽。"一村一品"实质是因地制宜搞活区域经济的一种手段，在其实行的 20 多年里，全县发生了翻天覆地的变化，成为环境优美、生活安定的国际化都市。县内各地共培育出特产 306 种，总产值高达 10 多亿美元，产业布局经验大面积向外推广。

案例三　韩国"新村运动"[①]

20 世纪 60 年代，韩国推行优先发展工业化的政策，全国集中人力、物力、财力发展工业，在短短时间内跃居新兴工业化国家之列。与此同时，"三农"问题却日益凸显。自 1970 年 4 月起，韩国政府开始推行以"勤奋、自助、合作"为宗旨的乡村建设运动，即"新村运动"。其中，在乡村产业布局规划与组织管理上：以政府行政手段将原来集中在农业灌溉、排水、耕地整理等基础设施方面的主导产业变为改善农民生产、生活环境方面的产业，推动产业转型。所有项目都在村级水平上开展，便利基层动员；但又并非"千村一面"，政府会根据各村在产业布局实验项目中投入产出比对其进行分级（全部村庄被分为 3 个等级，分别为自强村、自

---

①　石磊：《寻求"另类"发展的范式——韩国新村运动与中国乡村建设》，《社会学研究》2004 年第 4 期。

助村和基础村），由此决定政府今后对其自助项目的补贴水平。成立"中央新村运动咨询和协调委员会"，自上而下从道、市、县到最基层的行政镇，层层复制推广，执行产业布局规划。同时，政府还在克服项目规模过小、加强区域合作、密切城乡工农关系方面作出努力，鼓励特色种植和养殖，并在村庄兴建农业和制造业相结合的工业园区。到2001年，在"新村运动"推动下，乡村不断发展，韩国农业人口比重已降到7.7%，实现了农业产业化、工业化和城镇化，城乡发展已无太大差别。

第三节　乡村产业振兴衔接的布局路径

当前，我国正处在脱贫攻坚与乡村振兴两大战略的政策叠加期、历史交汇期，二者互为支撑、有机融合的局面日渐形成。一方面，乡村振兴作为新时代"三农"工作的总抓手，尤其是产业兴旺助力巩固脱贫攻坚成果；另一方面，脱贫攻坚作为优先任务在诸多方面为乡村振兴补齐了短板，产业扶贫等先行探索扎实了制度与物质基础，积累了宝贵经验。在向乡村振兴过渡阶段，党和政府也对产业如何布局作出了宏观规划，提出了指导意见。

《国务院关于促进乡村产业振兴的指导意见》（以下简称《意见》）作为今后一个时期我国乡村产业发展的阶段性纲领性文件，明确了乡村产业的内涵特征、发展思路、实现路径和政策措施等，其中产业布局的路径为：通过"强化县域统筹、推进镇域产业聚集、促进镇村联动发展"这三个层级和"支持贫困地区产业发展"这一个重点，实现"科学合理布局，优化乡村产业空间结构"。在前文历史、现实与理论的回溯分析中，这一布局路径的内涵思想、实践方法其实已经彰显，出于直观清晰的呈现、总结需要，本节主要按照《意见》的相关文本内容进行梳理与解读。

一、抓好第一层级，强化县域统筹

《意见》指出，要在县域内统筹考虑城乡产业发展，合理规划乡村产业布局，形成县城、中心镇（乡）、中心村层级分工明显、功能有机衔接的格局。推进城镇基础设施和基本公共服务向乡村延伸，实现城乡基础设施互联互通、公共服务普惠共享。完善县城综合服务功能，搭建技术研发、人才培训和产品营销等平台。

《城乡一体化蓝皮书：中国城乡一体化发展报告（2017）》中指出，发展县域经济是解决"三农"问题的重要途径，是实现就地城镇化的主要载体，是城乡一体化建设的重要任务之一。要强化县域统筹，首先需要设立职能明确的县域管理机构。如前所述，在产业空间布局规划中，政府在宏观调控、行政主导等方面发挥了重要作用，因此，只有通过高效的"有形的手"加以管理，才能理顺县城、中心镇（乡）、中心（村）不同层级的分工协作关系。许多省份都成立了相关机构，有的是"省县域经济领导小组办公室"，有的是"省县域经济研究（促进）会"，等等，架子搭起来了，更要提高行政管理效率，把惠民惠业的政策落实下去。具体在县镇村产业不同层级的布局上，政府应"先规划，后建设"，经过充分的调研、论证确定不同区域产业布局的重点、特色。这种调查论证离不开对当地发展历史，尤其是产业发展历史的考察，也离不开对当下经济社会资源的考察，在必要时还可邀请相关领域专家进行规划研究。

此外，要优先布局发展城乡一体化的基础设施与公共服务。前文孙耿镇"集地开发"中政府整合修建的变电站、邮电大楼、金融营业场所、自来水厂、排水沟、水泥路、煤气站等即为范例。脱贫攻坚时期乡村的基础设施条件已经得到一定改善，当前除了查漏补缺外，更重要的是推进县域公共服务向乡村延伸，如户籍管理、住房医疗、金融信贷、技能培训等。在县域服务延伸整合的过程中，县城进一步升级自身服务水平，如与省市高等院校、科研机构合作创办技术创新平台，组织集中外出培训，借助"互联网＋"技术搭建营销网络、扩大县域经济市场等。值得注意的是，这些硬件、软件条件的改善离不开资金的支持，政府应主动扩大资金筹集范围，创新资金利用手段，如尝试政府购买服务、社会影响力债券等。

二、抓好第二层级，推进镇域产业聚集

《意见》指出，要发挥镇（乡）上连县、下连村的纽带作用，支持有条件的地方建设以镇（乡）所在地为中心的产业集群。支持农产品加工流通企业重心下沉，向有条件的镇（乡）和物流节点集中。引导特色小镇立足产业基础，加快要素聚集和业态创新，辐射和带动周边地区产业发展。

小城镇的纽带作用及其工业小区对产业集群的效果在乡镇企业改革调整时即进行过探索，当前在镇域产业聚集上力推的是特色小镇建设。特色小镇发源于浙江，2014 年在杭州云栖小镇首次被提及。2016 年 10 月，住建部公布了第一批中国特色小镇名单，涉及 32 省份共 127 个。这些小镇是在各地推荐的基础上，经专家复核，由国家发展改革委、财政部以及住建部共同认定得出，并计划到 2020 年，培育 1000 个左右各具特色、富有活力的休闲旅游、商贸物流、现代制造、教育科技、传统文化、美丽宜居等特色小镇，引领带动全国小城镇建设。

就目前浙江的特色小镇而言，依据产业特色可以分两类：一是以海宁皮革时尚小镇、黄岩模具小镇等为代表的制造业小镇；二是以杭州玉皇山南基金小镇、梦想小镇等为代表的第三产业小镇。前者立足于原有的优势产业，通过引入新的研发、设计等环节，提升产品质量、附加值和品牌效

应，能有效促进投资增长、调动企业积极性，后者则与现阶段发展各类新兴产业、提升服务业的目标相契合。这样的小镇，不是建制镇，也不是风景区，而是结合产业、旅游、文化以及社区的理念设计的多功能产业集聚平台：一般在 3 平方千米左右，更多的选取在大城市的周边，易于集聚人才、资金等要素，更能促进经济转型升级和城市化。

当然，特色小镇在发展过程中也要注意防止"房地产化"。《中国住房发展报告》指出，一些地方快速发展的特色小镇被房地产商"绑架"，打着各种产业旗号，到城市周边的小镇拿地搞开发，结果房子搞了一大片，产业却引不来，反而加大了房地产库存。其背后原因很大程度上还是没有深入做好当地产业特色考察与规划，盲目上马。

此外，农产品加工流通业是从农业延伸出来的乡村产业，是构建农业产业体系和促进一二三产业融合发展的"腰"，起着承前启后的重要桥梁纽带作用。支持其重心下沉即是要加强农产品镇域加工集群的建立，加强农产品物流骨干网络和冷链物流体系建设，打通农产品物流节点，实现全过程无缝对接。

三、抓好第三层级，促进镇村联动发展

《意见》指出，要引导农业企业与农民合作社、农户联合建设原料基地、加工车间等，实现加工在镇、基地在村、增收在户。支持镇（乡）发展劳动密集型产业，引导有条件的村建设农工贸专业村。

农业农村部乡村产业发展司司长曾衍德在解读《意见》时指出，促进镇村联动发展，其目的主要是让农民就地就近就业创业，改变原料在乡村、加工在城市，劳力在乡村、产业在城市的状况。镇村联动发展可以看作与特色小镇建设相配套的举措，而农工贸专业村的建设思路与特色小镇也有相似之处，需要找准特色，加强分工协作。

首先，在操作方面，这种农工贸专业村可以较多地借鉴前文提到的日本"一村一品"运动，并结合当前农村合作社、加工车间和农户的已有实践。如农业部在 2011 年就曾公布过全国"一村一品"示范村镇名单，这些专业村的发展经验可以多加推广。

其次，产业类型布局上，镇村这一级更多以劳动密集型为主，以农产品产业链延长为主。如基层政府可帮助村一级布局原料基地，改善仓储、运输等基础设施条件，镇一级布局对口承接的加工企业。此外，与脱贫攻坚中的扶贫车间经验相衔接，这些加工企业可以参与扶贫，进一步加强镇村联动，即由提供原料的农户在农村进行初加工，再运输到镇上。《意见》也强调支持家庭农场和农民合作社发展初加工，从而帮助农户就地就近增收。

最后，还有两方面需要注意：一是从农村角度来讲，镇村联动不是一对一，而是一对多，甚至是多对多的。这里要强调的是，镇域的各种农工贸专业村之间应该是彼此联动协作，甚至应该跨越镇域立足县域整体。这种小而专、专而联、各司其职的局面背后同样也离不开对专业村资源条件特色的挖掘。二是从农民角度来讲，这一点在第一节现状部分已涉及，在布局实现加工在镇、基地在村时同样需防止资本下乡"公司替代农户"，甚至"赶走"农户的问题，真正实现增收在户。

四、抓好重点，支持贫困地区产业发展

《意见》指出，要持续加大资金、技术、人才等要素投入，巩固和扩大产业扶贫成果。支持贫困地区特别是"三区三州"等深度贫困地区开发特色资源、发展特色产业，鼓励农业产业化龙头企业、农民合作社与贫困户建立多种形式的利益联结机制。引导大型加工流通、采购销售、投融资企业与贫困地区对接，开展招商引资，促进产品销售。鼓励农业产业化龙

头企业与贫困地区合作创建绿色食品、有机农产品原料标准化生产基地，带动贫困户进入大市场。

曾衍德在解读《意见》时特别提及推进脱贫攻坚与乡村产业振兴有效衔接。一是政策力度不减。将资金、技术、人才等要素投入，并纳入乡村振兴战略架构下统筹安排，巩固和扩大产业脱贫攻坚成果。二是聚焦重点区域。这也是产业布局要求中将"支持贫困地区产业发展"作为一个重点的来源。深度贫困地区尤其要注意发掘当地资源优势、景观优势和文化底蕴，在有条件的地方也可以如前所述打造"一村一品"示范村镇和休闲旅游精品点等，这对整合企业、农村合作社、农户利益，促进乡村整体经济社会发展都有帮助。三是促进产销对接。当前我国农产品产销对接不紧密、不稳定问题突出，贫困地区尤甚，商务部市场体系建设司 2018 年还专门发布了有关农产品产销对接工作的相关文件。对于贫困地区产业布局，在相对缺少资源的情况下，尤其要注意创造利用资源。可以深入推进电子商务进农村综合示范，完善县、乡、村三级物流体系，构建农村产品上行通道，如当前活跃的"淘宝村"，据统计 2015 年全国就已达 780 个。在产业发展过程中，也可以充分发挥电商平台大数据优势，形成交易品种、数量、价格和地区分布等产销信息大数据，把需求更加直接、快速、准确地反馈到生产端，促进产业精准定位，从而实现蓬勃发展。

第四章

第四章

促进乡村产业融合发展

第一节　促进乡村产业融合发展的社会背景

　　乡村的主导产业是农业。产业结构相对单一、农业与二三产业融合度较低等现实困境难以适应乡村农业现代化的要求。农产品价值的提升，很大程度上受农产品精加工、包装（第二产业）和农产品设计与销售（第三产业）的影响。乡村地区仅仅通过提供原料或经过粗加工处理的初级产品，通常只能获得相对较少的资金回报。为实现农业高质量发展、农民持续增收，必须将二三产业的组织方式和生产方式引入传统农业生产中，促进三产深度融合及可持续发展。从国际来看，推进农村三产融合已然是产业经济发展不可阻挡的趋势。从国内来看，随着现代信息技术的快速发展和创新应用，我国产业结构不断优化调整、发展活力有效释放，"互联网＋"等新兴概念逐渐融入农业农村，乡村产业融合发展潜力巨大。虽然仍面临着来自农业资源、农业技术、资金投入、产业结构、劳动力结构等诸多方面的困境，但乡村振兴战略的提出为我国农业优化升级提供了机遇。推进农村三产融合发展也被视为提升农业发展质量、促进农民持续增收的重要途径。

一、传统农村单一产业发展存在诸多困境

　　农村单一产业发展困境重重，难以适应农业现代化发展的要求。推进农村一二三产业融合是新常态下农业农村转型发展的根本选择。从农业资源和技术来看，不仅发展潜力极为有限，而且部分粮食主产区土壤地力长期透支、质量持续下降、重金属超标、地下水超采等问题突出，已对农业

稳定造成了日趋严重的威胁。我国农业在技术转化和应用方面存在明显不足，农业研究专业结构陈旧，研究方向与市场需求不相符，在技术储备和资金投入方面都存在不足，制约了农业科技的发展。在农产品方面，技术含量低，导致附加值低，在产品结构方面主要是以初级产品加工与粗加工为主，深加工与精加工的产品比较少。

从农民收入来看，长期以来，农业的经营成本和机会成本都很高，经济收益低迷造成农民收入低迷。在成本抬升和价格"天花板"双重挤压下，农民收益有限，与此同时，由于农民外出务工数量和工资性收入增幅明显趋缓、转移性收入总量小增量少等因素，农民收入保持快速增长面临极大挑战。

从信息流通来看，信息流通在农村出现了梗阻。随着市场经济的发展，传统的农业生产模式日益显示出其落后与不足，农村产业结构的调整被提上了议事日程。市场为农产品的供求关系提供了信号，然而，由于农民自身素质和农村交通、通信等的限制，接受信息存在很大的困难，信息成为产业调整的一个"拦路虎"，挡住了乡村产业前进的步伐。

从农村社会来看，农业劳动力长期大规模向城市迁徙，不仅导致农村人才等资源严重流失，而且引发了日趋严重的社会问题。农村的现状是大部分知识层次较高的青壮年外出打工，剩下老弱病残留守家园。他们的文化水平普遍偏低，接受科技的能力差。同时，由于农村技术服务体系自身盈利能力低，无暇顾及农村的科技服务，科研机构的成果由于没有中介机构的引导，难以转化为现实的生产力来帮助农民致富。农村人才和技术的匮乏严重阻碍了农村产业结构的转型发展。[1]

---

① 齐占平：《中国农业和农村经济产业化发展的困境与对策分析讨论》，《中国农业信息》2017 年第 14 期。

推进农村一二三产业融合发展，有利于解决农村单一产业发展的困境，促进工业和服务业的管理、技术、资本、人才等现代要素更多更紧密地融入农业，提升农业发展及资源利用水平；有利于扩大农村产业规模和就业容量，拓展农民就业增收空间；有利于聚集农村人气和改善农村人员结构，促进农村社会繁荣稳定。

二、乡村产业融合发展的国内外趋势

推进农村一二三产业融合发展是顺应国内外产业发展新趋势的必然要求。从国际来看，当今，产业融合已日益成为世界范围内产业经济发展不可阻挡的潮流，特别是随着信息技术的快速革新，新型产业革命已风起云涌，正在带动社会经济系统发生日益广泛、剧烈而深刻的变化。不同产业或同一产业内不同行业之间相互交叉、相互渗透、相互融合的步伐不断加快，产业边界日渐模糊甚至消失，全世界已几乎找不到任何一个产业在不与其他产业融合的情况下能够实现快速发展。从国内来看，在新常态新要求下，我国的产业结构正在进行深度优化调整，产业发展与国际接轨、跨行业跨领域融合发展的步伐空前加快。一些企业通过互联网技术融合应用实现快速崛起，吸引了国人乃至世界的目光。当前，在产业融合理念的引导下，"互联网＋""创客""众筹"等新概念迭出，其背后即是一个又一个崭新的产业形态和巨大而活跃的产业发展空间。具体到第一产业而言，近年来，我国农业虽然在与第二、第三产业融合上步伐有所加快，但总体上仍处在起步阶段，由于产业融合度不够，不仅在生产环节竞争力严重不足，而且在加工环节也面临着巨大的挑战。顺应形势、应对挑战，迫切需要推进农业与其他产业的融合，通过借势发展增强竞争力。

三、乡村产业融合的政策背景

当前，中国经济发展进入新常态，在农业发展资源刚性约束日趋凸显以及农业生产成本持续增加的背景下，中央政府对于如何强化农业基础地位、促进农民持续增收给予了高度重视。农村一二三产业融合发展，是党对"三农"工作理念和思路的重大创新，具有深厚的时代背景和重大的理论与实践意义。2015 年中央一号文件首次提出，将"推进农村一二三产业融合发展"作为延长农业产业链、提高农业附加值和增加农民收入的重要途径。2016 年中央一号文件再次强调，要推进农村三产深度融合，"推进农业产业链整合和价值链提升，让农民共享产业融合发展的增值收益，培育农民增收新模式"[①]。2017 年中央一号文件对"壮大新产业新业态、拓展农业产业链价值链"作出重要部署。2017 年 12 月，农业部办公厅发布《关于支持创建农村一二三产业融合发展先导区的意见》，支持各地培育打造和创建农村一二三产业融合发展先导区，构建现代农业生产体系、产业体系和经营体系。党的十九大作出了实施乡村振兴战略的重大决策部署，该战略对农村产业融合提出了更高的要求。《中共中央 国务院关于实施乡村产业振兴战略的意见》明确提出，提升农业发展质量，培育乡村发展新动能，要构建农村一二三产业融合发展体系。[②] 产业兴旺是乡村振兴战略实施的关键内容，关系着乡村振兴战略的成效，而农村产业融合则是乡村产业发展的必经之路。

基于上述背景，在推进乡村产业振兴的过程中，促进产业融合发展

---

① 赵霞、韩一军、姜楠：《农村三产融合：内涵界定、现实意义及驱动因素分析》，《农业经济问题》2017 年第 4 期。

② 国家发改委：《农村一二三产业融合发展年度报告（2017 年）》，《中国经贸导刊》2018 年第 13 期。

的基本思路，即按照产业融合发展理念完善工作推进机制，既要支持农户和合作社内生发展，又要支持龙头企业带动农村产业融合发展，构建农村一二三产业收益的利益联结机制，更好地发挥政府和市场作用。① 据此，我们可以采取以下具体措施：一是大力培育多元化农村产业融合主体，推动农村一二三产业融合发展，离不开专业大户、家庭农场、农民合作社、龙头企业等新型经营主体的广泛参与；二是发展多类型融合业态，跨界配置农业和现代产业要素，综合利用一产联动二产、二产提升一产、支撑三产等多种途径，推进产业深度交叉融合；三是打造产业融合载体，促进农业内部融合、延伸农业产业链、拓展农业多种功能；四是构建完善利益联结机制，推动新时代农业产业化健康发展。

第二节　培育多元化农村产业融合主体

中国的农民在经历过家庭联产承包责任制、乡镇企业、农业产业化之后，为了推进农村的进一步发展，迎来了"第四次创造"，即农村产业融合。不同的经营主体具有不同功能、不同作用，培育多元化的农村产业融合主体能有效提升农村产业融合发展总体水平，实现优势和效率的倍增。推动主体融合，就要改变"原料在乡村、加工在城市"的状况，实现加工在镇、基地在村、增收在户。② 一方面要发展壮大新型农业经营主体，另一方面也要让小农户在产业融合发展中提升自己、发展自己。目前就总体

---

① 王乐君、寇广增：《促进农村一二三产业融合发展的若干思考》，《农业经济问题》2017 年第 6 期。

② 乔金亮：《乡村产业振兴关键在融合》，2019 年 7 月 9 日，见 https://baijiahao.baidu.com/s?id=1638531891516116646&wfr=spider&for=pc。

而言，农业生产主体还是以普通农户、专业大户及生产大队为主。由于生产规模小、发展成本较高、抗风险能力弱等特点，面对能够产生新技术、新业态和新模式的产业融合浪潮，小农户等规模较小的生产主体参与融合的能力较低，难以发挥很大的作用。与此同时，我国新型经营主体发展缓慢，有实力的新型经营主体少，无法发挥其应有的辐射带动作用。

促进乡村产业振兴，需要解决好小农户与大市场对接问题，培育新型农业经营主体，通过新型农业经营主体带动小农户对接大市场。新型农业经营主体在产业融合中主要有以下优势：一是市场灵敏度更高，能够充分利用"互联网＋"收集市场信息，快速作出反应并灵活组织生产，避免因信息不充分而盲目生产导致农产品价格下跌、销售困难等问题。二是市场竞争力更强，新型农业经营主体可以充分发挥规模化生产优势，进一步延伸产业链，提高产品附加值，也可以更好地借助电商等方式扩大销售、增加收益。三是化解市场风险的手段更多，新型农业经营主体可以利用多样化、专业化、组织化手段应对市场经营、财务管理等方面的风险。培育新型农业经营主体需要因地制宜，因势利导。①一方面，应依据各地资源条件、区位条件、产业基础、基础建设等，聚焦优势特色产业，调整优化产业布局结构；另一方面，应顺应部分非农企业向"三农"领域转移的新趋势，充分发挥市场配置资源的决定性作用，推动各种资源要素向农村流动，从而加快推动农业经营主体多元化发展，搞活农村市场。

一、强化农民合作社和家庭农场的基础作用

培育一批参与人数多、影响力大、带动面广泛、服务功能强的农民合

---

① 刘璐琳：《多措并举促进乡村产业振兴》，2019 年 8 月 13 日，见 http://www.rmlt.com.cn/2019/0813/554241.shtml。

作社，支持他们优先承担国家各类涉农项目，支持其与各个大型连锁超市和城镇社区对接，节约采供成本。通过贷款贴息、实物租赁等多种方式，鼓励发展农产品加工、销售，拓展合作领域和服务内容。同时，要进一步规范农民专业合作社的发展，对不符合规定的合作社进行清理整改；对发展较好的合作社，要重点扶持和推进，增强规模化生产能力，尤其是增强合作社的组织、带动能力，使之成为小农户与现代农业有机衔接的重要主体。家庭农场是我国现阶段重点培育的新型农业经营主体，它能为消费者提供大量的优质农产品，是支撑农业高质量发展的重要力量。[①] 因此，必须加大对家庭农场的培育力度，积极引导退伍军人、返乡商人以及大中专毕业生等有知识有经验的人员兴办家庭农场，加强对家庭农场工商登记注册的指导和服务，建立和完善相关制度，增加对示范性家庭农场的补贴，扶持鼓励家庭农场拓展农家乐、产品直销等业务。

二、发展壮大龙头企业

2012 年《国务院关于支持农业产业化龙头企业发展的意见》提出"农业产业化是我国农业经营体制机制的创新，是现代农业发展的方向"，农业产业化龙头企业"是构建现代农业产业体系的重要主体，是推进农业产业化经营的关键"。龙头企业是推进农业产业化的中坚力量，是推进农业供给侧结构性改革和发展壮大乡村产业的引擎。[②] 因此，要依据各地区位优势、产业基础、基础建设等，聚焦优势特色产业，调整优化产业布局结构，培育壮大农业产业化龙头企业，积极引导其向加工流通、电子商务

---

① 刘涛：《高质量发展下新型农业经营主体的培育对策研究》，《四川行政学院学报》2019 年第 5 期。

② 姜长云：《龙头企业的引领和中坚作用不可替代》，《农业经济与管理》2019 年第 6 期。

和农业社会化服务等方面发展。鼓励龙头企业对接多层次的资本市场，通过发行债券等方式拓宽融资渠道，当地政府可以通过直接投资、参股经营和签订长期合同等方式来促进企业规模化快速发展，加快标准化和规模化种植基地和养殖基地建设，从而拉动农业合作社和小农户的适度规模发展。支持龙头企业在农村产业融合中发挥引领示范作用，鼓励其建设现代化的物流配送体系，加强产业链和供应链的建设，建立健全市场营销网络体系，充分利用政策、资金、技术和管理等方面的优势，打造大型农业企业集团，使其在农业产业化发展中成为主力军。积极争取国家农业综合开发产业化经营项目支持龙头企业发展，鼓励"农业产业重点龙头企业＋农业合作社＋小农户"模式和大型国有农场相互融合，优势互补，推动当地农业走出去，扩大农产品的竞争力。

三、发挥供销合作社综合服务优势

为了贯彻落实党的十九大精神和乡村振兴的战略部署，供销合作社从其职能定位出发，需主动按照"产业兴旺、生态宜居、乡风文明、治理有效、生活富裕"的总要求，充分发挥组织体系完整、服务功能健全和经营网络完善等优势，积极主动参与到乡村治理和振兴中。首先，依靠传统的优势资源，提高服务能力和市场竞争能力。长期以来，供销合作社在农村形成了比较完整的组织体系和经营服务网络，这是其参与市场竞争的巨大优势。供销合作社要依靠这一独特优势，一方面充分发挥在农资和生活日用品供应、再生资源回收利用等方面的优势，为农民生产、生活提供各个方面的服务；另一方面也要发挥供销合作社销售渠道广泛，农村电商发展较好以及社会服务到位等方面的优势，积极介入农产品的生产、销售、流通等环节。其次，拓宽为农服务领域，实现公益性服务和盈利性服务的良性互动。各级党委和政府要关心和支持供销合作社改革和发展，积极推动供销合作社与新型农业经营主体有效对接。积极引入各种社会服务资源，促进服务理念的创新，扩大农民生产和生活的服务范围。兴办专业服务公司，牵头相关服务中心，发展新型庄稼医院，通过合作、订单、托管等方式，为新型农业经营主体提供农资供应、农机作业、统防统治、收储加工、产品销售等全程社会化服务。为农民提供代办公共缴费、惠农金融、代发养老金、电子商务以及农产品购销等服务项目。健全经营网络，支持流通方式和业态创新，搭建区域性电子商务平台。

四、积极发展行业协会和产业联盟

中共中央办公厅、国务院办公厅印发的《关于加快构建政策体系培育新型农业经营主体的意见》明确要求，引导新型农业经营主体多元融合发展。促进各类新型农业经营主体融合发展，培育和发展农业产业化联合体，鼓励建立产业协会和产业联盟。农业行业协会是政府与企业、农户之间的桥梁和纽带，是市场与企业、农户之间的中介服务组织。各级政府需遵循市场经济发展的客观规律，高度关注农业行业协会发展情况，充分发挥其自律、代表、协调、教育培训和品牌营销等作用，开展标准制定、商业模式的农产品宣传推介等工作，以提高企业和农户生产经营的组织化程度，增强农产品的市场竞争力，切实维护企业和农户利益，促进农村经济健康发展，助推乡村振兴工作。现阶段农业行业协会应发挥以下作用：一是信息咨询，建立健全农产品信息网络，为协会会员提供产业政策、生产经营、科研技术、市场营销、质量标准等方面的指导与咨询；二是教育培训，促进会员之间的经济协作和信息、销售、经营管理等方面的交流与沟通，积极组织人才和技术相关的培训工作，协助会员引进新技术、新品种、新设备以及新工艺，推动技术发展，增加产品的附加值，扩大相关产品的市场竞争力；三是自律协调，引导协会成员贯彻执行国家的相关政策，诚信经营，尊法守法，遵循协会规则和行业规范，协调协会成员之间、成员与社会组织之间的关系，统筹管理协会内部相关事宜，促进公平竞争；四是市场拓展，积极组织协会成员参与国内外经济技术合作和竞争，积极开拓国内外市场；行业代表代表协会会员向有关部门反映会员的意见和要求，提出有关行业发展的立法建议和对策，参与有关农业产业发展规划、产品质量标准、政策措施的制定与执行。

鼓励龙头企业、农民合作社、涉农院校和科研院所成立产业联盟，支持联盟成员通过共同研发、科技成果产业化、融资拆借、共有品牌、统一营销等方式，实现信息互通、优势互补。运用产权纽带把生产、加工、流通、消费等环节打通，环环相扣，融合合作，实现农业信息链、资金链、产业链、价值链的发展，构建产业共同体，推动产业的升级转型。联盟的成立，不仅可以使分散的农业产业经营主体整合为一体，共享社会资源、共享商业信息、共担市场风险，形成良性发展，而且有助于推进"产学研"深度融合，提升产品的附加值，加快产业转型升级。

五、鼓励社会资本投入

系列化、全方位的社会资本进入农业农村有利于农村一二三产业融合发展，延长农业产业链，促进农产品生产、加工、销售的相互融合，加大农产品健康安全等属性的彰显力度，从而使农产品获得更大的附加值，助力农村地区农业产业结构转型升级和现代化发展。[1]

为助力乡村振兴发展，政府应针对新时代农业农村的发展任务和需

---

① 王陶涛、周梅：《农业社会资本投入与贫困减缓》，《金融发展研究》2018 年第 12 期。

求，综合运用财政、金融、税收等手段，打破资本进入壁垒，鼓励支持国内外社会资本、各类市场主体投资农村农业相关领域。加强政策指引，完善基础设施，强化公共服务，为鼓励社会资本进入农业农村奠定良好的基础条件。政府要一如既往地优先保障农业农村方面，加大公共资金对"三农"的倾斜力度，确保财政投入与乡村振兴目标任务相适应。深化农村基础设施建设投融资体制改革，发挥开发性金融作用，加大过桥贷款、专项建设基金、抵押担保贷款等投放力度，健全农业信贷担保体系、农业保险体系，推动相关服务网络深入发展。与此同时，继续深化"放管服"改革，全面加强政府服务农业农村领域项目平台建设，为社会资本投资乡村振兴提供项目信息、规划、融资、建设、运营等配套服务，提高社会资本投资效率，降低社会资本投资风险。积极探索涉农领域相关项目合理回报机制，增强项目对社会资本的吸引力。鼓励进入农村的社会资本创新运营模式，提高运营效率，降低相关成本，优化资本配置，提升项目回报水平。如优化农村市场环境，鼓励各类社会资本投向农业农村，发展适合企业化经营的现代种养业，利用农村"四荒"（荒山、荒沟、荒丘、荒滩）资源发展多种经营，开展农业环境治理、农田水利建设和生态修复。能够商业化运营的农村服务业，要向社会资本全面开放。建立健全激励机制，吸引社会资本流入农业农村。国家和省级相关扶持政策对各类社会资本投资项目同等对待。应积极探索财政奖补机制，对长期支持乡村振兴的社会资本给予财政支持、贴息政策和配套项目投入，形成吸引社会资本持续投入的政策体系。创新社会资本进入涉农领域模式，健全完善企业与农户的利益联结机制。鼓励农户通过产权、技术、产品等与企业开展多种形式的合作与联合，带动普通农户分享农业经营收益，促进农民增收，同时减少订单农业发展过程中的违约现象。

第三节　发展多类型融合农业业态

农业业态，是指多元要素融合而成的不同农产品（服务）、农业经营方式和农业经营组织形式。农业产业融合，是指依托先进的技术与服务，将农业产业与第二、第三产业相融合，拓展农业产业链，从而将单一的经营模式和产品转变为具有创新性的能够满足不同消费者需求的具有一定经营规模的新产品、新服务。如北京波龙堡葡萄酒庄就是代表之一。波龙堡酒庄采用"四位一体"的经营模式，即在原有葡萄种植及葡萄酒酿造的基础上，还开发了葡萄酒主题旅游、专业葡萄酒品鉴、休闲度假三大功能，形成了一二三产业融合发展模式。

农业新业态是在原有的农业业态上进行创新发展，形成新型农业发展业态，它是现代信息技术、农业生产技术以及管理经营技术与传统农业产业体系深度整合和创新的产物。[①] 农业新业态的产生发展，本质上是农业供给侧结构性改革的实践结果，供给侧要素的重新配置，有助于大力发展新产业新经济，激发农业经济发展新活力，推进农业产业转型升级，提升农业质量效益和竞争力，实现农业增效、农村繁荣、农民增收。

一、农业新业态的主要类型

由于农业资源要素的多元性，近年来借鉴国外的发展经验，通过不同方式的资源融合，已经催生出创新型、服务型、社会化和工厂化等多种农业新业态。通过产业链的横向拓宽，产生了休闲农业、会展农业、创意农

---

① 黄泽烨：《河北省农业新业态发展研究》，《农业技术与装备》2019 年第 11 期。

业等服务型农业新业态。

休闲农业，是指农业与服务业相结合，借助农业以及农村的现有资源，为游客提供观光旅游、休假休闲等类型服务的农业新业态。该形态可以深度开发农业资源潜力，调整农业结构，改善农业环境，成为农民增加收入的新途径。可重点发展综合性农业科技园区、农业主题观光景区以及传统民俗旅游等。① 如以花卉产业为载体发展乡村休闲旅游的"五朵金花"是成都锦江区三圣乡的五个村的雅称。该区域的农户依托特色农居，推出休闲观光、赏花品果、农事体验等多样化休闲农业项目，吸引了众多游客，成为休闲农业开发的典范之一。

会展农业，是指通过农事节庆活动、农产品专题销售会议、展销展览等形式以拉长农业产业链，进一步提升农业附加值，达到"举办一个展会、拉动一个产业、富裕一方农民"的目的，如各种农业博览会、交易会、订货会、展览会、农业论坛、洽谈会和交流会等。会展农业的市场已趋于成熟，总体进入竞争整合阶段，未来目标是打造会展品牌，增强展会、节庆衍生产品开发以及探索市场化运作模式。

创意农业，是指以农村的生产、生活、生态资源为基础，以农村消费市场与旅游市场快速发展为契机，利用创新性思维方式，以提升农业附加值为目标，在此基础上研发出具有独特亮点的新的产品和服务。现代农业产业注重创造性思维的运用，我国创意农业的发展，应不断结合地区资源禀赋提升创意农业的新颖度，大力发展一批具有影响力的创意农业模式。创意农业包括产品创意、服务创意、环境创意和活动创意等，但是目前主要以产品创意和活动创意为主。产品创意主要是通过对产品造型

---

① 梁瑞华：《培育壮大农业新业态发展路径及对策研究》，《河南社会科学》2019 年第3 期。

推陈出新或赋予产品文化新意，提升普通农产品的价值，使其成为纪念品或者艺术品。

创新型农业新业态是以现代生物技术、信息技术等为代表的高新科技向农业渗透，衍生出生物农业、智慧农业、农业大数据应用等。生物农业，是指运用先进的生物技术和生产工艺栽培各种农作物的农业生产方式，强调通过促进自然过程和生物循环保持土地生产力，用生物学的方法防治病虫害，实现农业环境的生态平衡。发展生物农业，有利于促进循环经济，推动农业结构调整和优化升级，提高我国农产品的市场竞争力，保障国家粮食安全和农业的可持续发展。智慧农业，是指将物联网技术运用到传统农业中，运用传感器和软件通过移动平台或者电脑平台对农业生产进行控制。除了精准感知、控制与决策管理外，从广泛意义上讲，智慧农业还包括电子商务、农业信息服务等方面。农业大数据是融合了农业地域性、季节性、多样性、周期性等特征后产生的来源广泛、类型多样、结构复杂、具有潜在价值并难以应用常规方法处理和分析的数据集合。如京东、淘宝等都推出了农产品大数据应用。农产品电子商务，是指用电子商务的手段在互联网上直接销售农产品及生鲜产品，如地方特产、果蔬肉类等。随着互联网的飞速发展，农产品电商将有效推动农业产业化的步伐，促进农业经济发展，改变农产品交易方式。

社会化农业新业态，是指社会分工细化以及社会组织方式变革衍生出的农业众筹、订单农业、社区支持农业、农业生产性服务业等。订单农业又称合同农业、契约农业，即农户本身或其所在的乡村组织同农产品的购买者签订订单，组织安排农产品生产的一种农业产销模式。目前订单农业主要有两大类：一类是流通、餐饮类服务型企业向前延伸产业链建立原材料直供基地；另一类是企业与农产品基地建立合作模式，将基地作为公司员工购买农产品和进行休闲体验的场所，为公司提供内部福利。订单农业能够较好地满足市场需求，避免了盲目生产。社区支持农业是指消费者提前支付预订款，农场按需求向其供应农产品，是生产者和消费者风险共担、利益共享的城乡合作新模式，有利于在农民和消费者之间建立直接联系。农业生产性服务是指贯穿农业生产作业链条，直接完成或协助完成农业产前、产中、产后各环节作业的社会化服务，如通过开展农机服务、农技服务、土地托管等引导农户实现"服务外包"。

二、农业新业态发展中存在的问题与困难

经济发展方式的转变以及人们消费观念的改变带来了市场需求的多样化，我国农业发展理念不断创新，各种形态的农村经营主体不断涌现，各种产业的辐射效应不断增强，全国各地依据自身的优势和特点已经形成了一批各式各样、极具地方特色的新业态农业。尽管各地在发展多类型融合业态方面已经取得了不少成绩，但是总体仍然处于不成熟阶段，发展中存在许多问题。

一是缺乏明晰的顶层设计。近年来，农业业态、农业新业态、农村新业态等说法不断涌现，但是学术界和政府部门等都没有对上述概念进行明确的界定。从近三年的中央一号文件来看，"新业态"一词提及次数较少，正因为中央对农村新业态的概念和内涵尚未明确，部分地方政府对农村新业态等相关知识不了解，难以区分新业态和传统业态。新业态涉及众多部门，包括农业农村部、商务部、文化部、旅游部以及自然资源部，而农村新业态中的企业经营与监管，又涉及国家市场监督管理局。目前，新业态的发展缺乏统筹规划，乡村休闲旅游业、农村电商等行业之间相互关联、相互影响、相互制约，各个部门之间的政策协调，地方政府和中央政府的政策协调都需要进一步加强。作为新兴事物，相关业态发展刚刚起步，内涵尚不明确，再加上数据开发共享的范围和程度有限，农村新

业态相关数据的统计相当滞后，各政府部门也难以掌握相关产业发展的详细情况。

二是"瓶颈"问题亟待解决。农村基础设施建设落后，信息化程度有待提高。虽然近些年政府对农业基础设施投入显著增加，但基础设施的缺口仍然较大，受传统的"重城市、轻农村"思想的影响，农业新业态配套设施仍然需要完善。在当前土地指标趋紧的大背景下，农村新业态项目用地问题突出，"用地难"问题普遍存在。农村新业态作为新事物，缺少抵押物品，而且涉农项目的周期长，不确定性大，投资回收率较低，金融机构又对其缺乏了解，发展预期较低，导致对新业态的发展投入较低，金融服务滞后。农村人口"老龄化"、农村"空心化"现象突出，人才短板十分明显。大多数农民文化程度和信息素养较低，又缺乏系统专业的培训，辨识有效信息的能力较差，可能会造成较大损失。与此同时，由于某些行业实力偏弱，薪金待遇相对较低，高素质人才吸引不来也留不住，人才的缺失阻碍了农业新业态的发展。

三是发展潜力有待挖掘。目前我国产业融合程度较低，一方面，农业产业链条短，农产品附加值偏低；另一方面，农业融合类型挖掘深度不够，多种类型的农业新业态仍然有较大的融合空间。从休闲农业和乡村旅游来看，许多项目由于功能单一、配套不完善，规模小、整体实力偏弱。由于地理位置、人才资金等因素的影响，地区发展不平衡，且缺乏精品项目。品牌贯穿产业发展的始终，也是产业综合竞争力的标志，但是农村新业态的品牌效应尚未形成。农村新业态的宣传推介工作主要依靠两个主体：新业态经营主体和地方政府。大部分新业态经营主体由于缺乏相应的知识技能，往往忽视了品牌宣传，或是只注重在传统媒介上进行宣传，而忽略了新媒体宣传渠道，使得其对消费者的吸引力极其有限。

四是亟须促进发展的规范化和标准化。首先，存在盲目性与无序性，由于策划、宣传和推广等工作的迟滞甚至是缺失，许多行业的从业者忽视规划设计，盲目跟风，使得产业结构同质化现象严重，不仅导致成本上升，造成资源浪费，也容易出现行业产业的相对过剩。其次，标准化相对滞后，虽然中央和地方政府都出台了许多文件和指导意见，但是就各个类型的农业新业态而言，其相关规章制度和管理体系仍然不健全。某些行业中细分标准缺失，监管体系不完善，甚至存在地方保护主义，产品质量也得不到保障。

三、发展多类型融合业态的措施

第一，加强顶层设计。一是要明确农村新业态的基本概念及其典型特征、主要类别与辨别依据。二是要因地制宜、综合考虑我国东部、中部以及西部地区的区位条件、文化基础、经济条件以及资源条件，科学把握乡村的差异性和发展走势分化特征，因势利导，不仅要强化政策的硬性要求，也要增强弹性空间。与此同时，发挥典型范例的示范作用，在全国范围内选择一些条件成熟、基础较好且有过较好实践经验的地区作为示范区，推广其经验做法。三是合理规划，做好引领服务，将发展农业新业态放到协调发展的总体中进行规划布局。明确每一地区的资源优势，重点发展优势项目，扶持特色农业。通过依托地方的重点项目，提升农产品价值链，完善农村一二三产业体系，政府则主要提供相关服务，发挥好引领作用。最后在前两者的基础上，促使它们产生利益交叉，不断增强纽带联系，形成较为完整的发展网络。四是在数据收集上，要加快数据库的建设，建立并完善相关指标体系，确定核算范围和统计标准，为新业态的发展提供强大的数据支撑。

第二，改善发展环境。一是完善基础设施，农业新业态的发展对于农业生产设施的要求更加严格，不仅要求健全的基础设施体系，还对信息技术有着更高的要求。国家应分配调拨资金，加快建设完善相关配套设施，健全各种农业数据的信息平台，及时发布各种有用信息。另外，还应该通过网络宣讲课堂等途径，向农民普及农业新业态的知识，增强技能。二是政府要加强用地政策供给，进一步细化鼓励农村新业态发展的相关用地政策，整合各种土地资源，破解"用地难"瓶颈。三是强化政策金融支持，通过财政补贴涉农企业、专业化组织，为农业新业态经营主体提供育种、信息咨询、科技推广、市场营销等优惠服务。对农业新业态实行税收优惠，严格落实企业所得税减半、企业增值税和营业税暂时免除等政策。为相关从业人员提供授信和贷款支持，进一步简化贷款手续和条件，为符合条件的经营主体提供担保贷款和贴息政策等优惠。四是加强对高质量人才的吸引以及对部分人员进行培训。积极与当地各高校、科研院所以及企业等机构进行合作，通过校企合作、政府政策鼓励等方式加大优秀人才的引进强度和对人才的培训力度。

第三，加快转型升级。一是以"互联网+"为抓手，拓展新业态功能，以现代产业的组织方式和理念推动农业多业态发展，进一步推进产业链、供应链的延长和价值链的提升，促进农村一二三产业深度融合发展。进一步挖掘拓展农业新业态的内涵和外延，提高农业新业态产品的附加值。二是树立品牌意识，强化品牌建设。由于全国各地的地理人文条件各异，每个地区都拥有适合本地区发展的特色农业，各地需要发展和巩固该业态的优势地位，通过线上和线下、传统媒体和新兴媒体的结合来加大对该项目的宣传和营销力度，培育代表各地区形象的优质品牌。

第四，促进规范化的发展。一是优化空间布局，各地区要结合自身优势资源条件，因地制宜，积极培育合适的农业新业态。同时，各地区政府要加强沟通，加快形成协同互动、错位发展的新格局，减少同质化竞争。二是建立健全相关规章制度，加强市场监管与标准化建设。加快完善规划、建设、运营、服务、质量、技术、效益评估等农村新业态标准体系。

第四节　打造农业产业融合载体

　　为了振兴乡村，发展产业，近年来，全国各地立足当地优势资源，充分挖掘地域特色，因地制宜，创新思路，打造乡村产业融合新载体。乡村产业振兴需要建设一批农业生产基地、现代农业产业园、农业产业强镇、田园综合体和特色小镇等，创建一批农村产业融合发展示范园，以形成多主体、多要素、多业态聚集发展的格局。

一、农业生产基地

　　农业生产基地，是指在较大范围内的农产品经济中占据一席之地，并能稳定地向本地区之外提供农产品的集中生产地区。农业生产基地的建设发展有以下要求：一是要求专业化生产和区域化种植，促进基地规模化发展；二是强调落实生产技术标准，推行病虫害防治等各项服务，促进基地管理的标准化；三是积极探索和创新运作模式，如"企业＋基地＋农户""合作社＋基地＋农户"等，推动基地生产、管理和经营的协调持续发展，促进一体化发展的良性循环。

　　近年来，温宿县始终坚持把发展产业、增加贫困户收入作为脱贫的重要举措，注重借势借力，狠抓扶贫产业发展，积极推进"合作社＋基地＋贫困户"经营模式，扩大产业支撑带动作用，乡村振兴和产业扶贫工作取得了明显成效。

第一，大力发展菌棒种植产业。2018 年，全县通过援疆项目和扶贫项目共计投入 40 万元，委托温宿县鑫农菌类种植专业合作社为全县 189 户建档立卡贫困户发放 20 万菌棒，每棒成本 2.6 元，其中援疆资金全额补助 12 万棒，扶贫资金差额补助 8 万棒（贫困户承担 0.6 元）。每棒产干木耳 600—800 克，全额补助的 12 万棒，户均收入 4000—5000 元；差额补助的 8 万棒，户均收入 3400—4400 元，实现一年两季，收入翻番。

第二，以基地带动就业脱贫。统筹谋划，打造食用菌产业基地。以鑫农菌类种植专业合作社和吉隆现代农业科技有限责任公司为基地，采取"合作社工厂化集中培育菌棒、农户分散培养种植、合作社统一回购、公司组织销售"的模式，组织有劳动能力、有种植意愿的农户在庭院、林下等闲置区域培养种植，由合作社提供技术服务。待黑木耳产出后，统一由合作社以保底价回收，销往浙江等地。两个基地每年雇用贫困人口 50 人，月工资 2000 元 / 人，用工 5 个月，实现收入 10000 元 / 人，带动了托乎拉乡周边贫困农民增收。同时，基地流转农民土地 50 亩，每亩土地流转费 1800 元，仅此一项农民增收 9 万元。

第三，积极打造绿色环保生态产业链。一是以发展菌棒促进林果增收。粉碎后的果树修剪大枝是菌棒生产原料，200 万菌棒共需树枝 2400 吨，按亩均修剪树枝 0.2 吨计算，可覆盖 1.2 万亩果园，以 700 元 / 吨的价格收购树枝锯末，亩均增收 140 元。二是以林果管理提高菌棒种植数量。贫困户通过采取树枝兑换菌棒的方式，每 10 千克修剪大枝可换取 1 个菌棒。三是以废弃菌棒降低林果管理成本。废弃菌棒作为果树基肥可循环利用，每亩果园施 500 个废弃菌棒，节省农家肥 2 立方米，亩均节约成本 400 元，打造了"以林养菌、以菌促林"的绿色环保生态产业链。

二、现代农业产业园

现代农业产业园，是指在规模化的基础上，以"利益共享、风险共担"为准则，通过"生产＋加工＋科技"，聚集现代生产要素，创新体制机制，形成有明确的地理界限和一定的区域范围，建设水平比较领先的现代农业发展平台。建设现代农业产业园是新时期中共中央大力推进农业供给侧结构性改革，加快农业现代化建设的重要决策。在实施乡村振兴战略的背景下，建设现代化农业产业园具有独特的意义。一是有利于资金、技术、人才和信息等现代生产要素和经营主体在一定范围内的聚集，推动体制机制创新，引领带动区域性乡村产业快速发展，培育一批全国性的知名产业。二是有利于集中政策资源，推动现代技术和发展理念在农业农村运用推广，推进专业化、集约化和规模化发展，推动农业由产量导向向质量导向转变，引领农业发展提质增效。三是有利于带动农村一二三产业的深度融合发展，激发产业链、价值链的重构，进而成为促进城乡融合发展的新型载体。

湖北省潜江市盛产小龙虾，素有"小龙虾之乡""虾稻之乡"的美誉。为做强龙虾产业，潜江市精心谋划，高起点建设国家现代农业产业园，探索出了一条一二三产业融合的乡村振兴之路。该产业园坚持"好水好虾好稻"理念，通过政府引导、园区创建、市场主导、农民参与，建成标准化虾稻基地70多万亩，其中包括13个万亩连片基地和65个千亩以上基地，"虾稻共作"模式已经成为现代农业"小粮仓、小银行、小水库和小肥厂"的"四小"典范，种稻养虾相得益彰。在发展稻虾基地的同时，潜江现代农业产业园还努力做大做强加工企业，撬动社会资本，投资精深加工研发和技改扩规，提高农产品附加值。同时建设了全国最大的小龙虾交易中心。通过产业园的创建，潜江市不断做大做强"虾稻共作"特色产业，培育农业农村发展新动能，形成了产业特色鲜明、要素高度聚集、设施装备先进、生产方式绿色的一二三产业融合发展新格局，真正实现了农民增收、农业增效、农村增绿，为乡村振兴注入新动能。

三、特色小镇

特色小镇，是指具有明确的农业产业定位，农业文化内涵、农业旅游特征和社区功能鲜明的综合项目，它从功能上实现了"生产 + 生活 + 生态"，形成了产业城乡一体化功能聚集区。在大力推行乡村振兴战略的大背景下，特色小镇既是推行经济高质量发展的新平台，又是推动促进就近就地城镇化的重要载体和农村产业融合发展的新载体。例如，杭州绿城春风长乐农林小镇，该小镇是由杭州绿城集团开发的以农业为基本产业集养生养老、休闲旅游和创业居住于一体的综合性农林类特色小镇。该小镇以农业为引擎，将当地及周边农民就地转化为现代农业工人，并通过现代农庄产品，把城市家庭的种菜养花需求与农业进行深度结合，同时，加强对农村基础、教育、医疗等领域的建设和改造。

四、田园综合体

2017 年田园综合体作为乡村新型产业发展的措施被写进中央一号文件，这是中央首次提到田园综合体的概念。田园综合体是在统筹城乡发展格局下，顺应农业供给侧结构性改革，采取政府主导、农民主体、市场运作，集现代农业、休闲旅游、田园社区为一体的乡村综合治理和发展模式，是实现乡村振兴战略的重要载体和平台。[1] 田园综合体模式极具商业价值，有利于推动新农村的发展进程、促进农民收入的提升，也有利于

---

① 赵冲、杨栎楠：《以田园综合体为载体推进乡村振兴战略》，《经济师》2019 年第 8 期。

开发和利用乡村旅游、挖掘和传承民俗文化、打造和提升地方特色品牌。例如，山西临汾的襄汾县拥有"棉麦之乡"美誉，具有发展田园综合体的坚实基础：自然条件优越、农业基础较好，基础设施比较完善，且拥有创意农业、循环农业以及农事体验等要素基础。在此基础上，襄汾县紧跟市场需求，立足县域特色优势，创新发展体制机制，大力发展休闲度假、创意农业、农耕体验等休闲农业和乡村旅游，形成了"农业＋文旅＋产业"的多元化融合发展格局，极大地促进了该地经济增长，农民增收。

第五节　构建利益联结机制

自 2018 年实施乡村振兴战略以来，广大的乡村迎来了前所未有的发展机遇，展现出巨大的发展潜力。但是，随着资本涌入乡村，乡村利益关系变得错综复杂，如何构建和创新利益联结机制成为乡村振兴中最为迫切和棘手的问题。我们要努力寻求市场与农户等主体的利益分配平衡点，让每一个参与者共享乡村振兴发展成果。

一、创新发展订单农业

订单农业是一种合作形式的农业生产经营模式，以大数据分析为依托，能较好地适应市场需要，避免盲目生产，成为农业供给侧结构性改革的重要方式。目前，订单农业有五种形式：一是农户与科研、种子单位签订合同，依托科研技术服务部或种子企业发展订单农业；二是农户与专业批发市场签订合同，依托大市场发展订单农业；三是农户与专业合作经济组织、专业协会签订合同，发展订单农业；四是农户与经销公司、经济人、客商签订合同，依托流通组织发展订单农业；五是农户与龙头企业签订购销合同，依托龙头企业来发展订单农业。此外，随着"互联网＋"的进一步发展，订单农业与互联网融合逐步深化，促进了农业生产销售的进一步发展。

在扶贫和乡村振兴工作中，"龙头企业＋农民合作社／家庭农场＋农户"的模式成效显著，该模式不但可以让农户在与企业的博弈中处于较为有利地位，还可以推动农户与企业建立较为稳定的关系。为了更好地发挥该模式在乡村振兴中的作用，一是需要引导龙头企业遵循平等互利的基本原则，与农户、家庭农场、农民合作社签订农产品购销合同，并规范合同内容，确定合理的收购价格。严格把控合同管理的相关工作，促使相关利益人增强市场意识和信誉，重诺守诺，提高合同履约率，更加关注长远规划和长期利益，形成稳定平衡的购销关系；二是需要鼓励支持龙头企业通过保护价收购、利益兜底、利润返还或二次结算等方式，增强与农户的联系，加快建立紧密的利益联结机制，保证农户的利益不受损，促进农户直接受益、均衡受益；三是需要支持龙头企业为农户、家庭农场、农民合作社提供贷款担保服务，资助订单农户参加农业保险。积极推动农产品产销合作，建立健全相关体系，如体系技术开发、生产标准和质量追溯体系等，投资设立共同营销基金，打造联合品牌，通过线上和线下结合的方式增强品牌知名度，从而实现利益共享。

为了进一步完善订单农业，充分发挥龙头企业与农民专业合作社的带动作用，农业生产采用"四统一"模式，即统一供种、统一施肥、统一农业技术培训、统一农产品市场销售，确保各主体共享农村产业融合发展带来的增值收益。[1]

---

① 杨建利、邢娇阳：《我国农村产业融合发展研究》，《中国农业资源与区划》2017 年第 9 期。

例如，新疆拜城县积极推进贫困村的蔬菜订单生产，带动农户脱贫致富。由合作社进行双向模式运作，将贫困户需要的农副产品配送下乡，同时收购贫困户的农副产品销售给企业。企业保障足额资金，采用定期或不定期现金支付结算方式。通过以县国有粮油供销公司、涉农企业等为龙头，以农民专业合作社为载体，以县乡（镇）机关、学校等单位为配送终端的"企业＋合作社＋贫困户"订单生产销售产业新模式，实现贫困农民全覆盖，订单生产率达到 100%，确保了贫困户生产的农产品有销路、有收益。一是做好市场调研，按需生产。拜城县按照订单需求结合当地人的饮食习惯及结构进行精准摸底，开展以西红柿、辣椒、胡萝卜、白菜、洋葱等为主的规模化种植。目前，全县 18 个深度贫困村中 16 个村建立了标准化蔬菜种植生产基地，落实种植面积 2586.4 亩。二是积极推进合作化生产、产业化经营。为了实现标准化、规模化生产，保障农产品质量安全，提高产品品质和市场竞争能力，在贫困村成立了 7 个蔬菜种植业合作社，其中 6 个合作社和丰谷粮油购销有限公司签订了供货协议。三是强化技术指导，实行统一品种、统一育苗、统一技术指导，提升农产品质量。自启动农副产品订单生产增收脱贫以来，县农业局派出 4 名技术员不间断地巡回开展田间技术指导，实时关注蔬菜田间长势，确保贫困村订单生产的蔬菜优质高产。

二、鼓励发展多种形式的股份合作

2016 年中央一号文件提出，鼓励发展股份合作，引导农户自愿以土地经营权等入股龙头企业和农民合作社。① 股份合作是农村集体产权制度

---

① 中共中央办公厅、国务院办公厅：《关于落实发展新理念加快农业现代化实现全面小康目标的若干意见》，2015 年 12 月 31 日。

改革的重要内容，有助于解决农村集体资源分散利用的问题，推进集体经营性资产折股量化到户和城市资本回流农业农村。

第一，扎实开展土地股份合作。积极引导农民将承包土地经营权入股成立土地股份合作社等，开展规模化经营或将其统一流转给龙头企业或者现代农业产业园区，并采取"保底收益＋按股分红"等形式，让农户分享产业化经营收益。各地区需探索核准基准地价，为农户土地入股或流转提供参考依据。该形式是农村土地流转最稳定的方式，一方面经营主体减少了土地租金压力，另一方面农民作为股东，权益也有所保障。

第二，积极发展资金股份合作。积极推动贫困村成立相关经济组织，将扶贫专项资金折股量化到户，使资金变股金，农民变股民。按照平等自愿、利益共享、风险共担的原则，鼓励农民将资金交由股份制经济组织统一经营或者入股龙头企业。

第三，稳步推进集体资产股份合作。继续采取措施壮大集体经济，明确产权归属，盘活农村集体资源资产，为乡村进行农村集体经济股份制改造奠定基础。如对农村"四荒"（荒山、荒沟、荒丘、荒滩）、果园、养殖水面等资源性资产进行确权确地、确权确股，采取股份合作的形式，进行资源开发和产业经营，促进农村资源的有效开发利用。

第四，大力引导农宅股份合作。结合美丽乡村建设，在不改变农村集体土地所有权和农民宅基地使用权前提下，大力引导农宅股份合作，鼓励农户以闲置农房所有权入股发展农宅合作社。支持景区附近、历史文化名村等拥有丰富旅游资源的村庄，以旅游资源经营权入股，合作发展乡村休闲旅游产业。

第五，探索推进技术股份合作。引导鼓励科研机构和科研人员以科研成果、知识产权入股农民合作社、龙头企业等，参与利益分配。

第六，拓展多元股份合作。以产业化项目为载体，推行"政府＋龙头企业＋科研机构＋农业合作社＋农户"的多元合作模式，积极组建农业产业化联合体，开展多元化联合合作，增加农户的财产性收益。

三、强化工商企业社会责任

工商资本是推动乡村振兴的重要力量，工商企业要积极融入、主动参与到乡村振兴的事业中，充分发挥资金、技术、智力优势。工商企业家们要增强责任感，勇担使命，主动作为，扎根农村、立足农业、心系农民。一是发挥关键作用，利用自身优势，做强和做大企业，促进强势农业发展。二是发挥示范作用，推动新技术、新产业、新业态、新模式的发展，形成加快推进农业农村现代化的新动能。三是发挥带动作用，实施专业化、标准化、集约化生产，组建农业产业化联合体，辐射带动农户扩大生产经营规模、提高管理水平，引领小农户共享发展成果。四是发挥保障作用，在一定情况下，优先聘用流转出土地的农民，对其进行技能培训，为其提供就业岗位和社会保障。

例如，阿克苏恒通果汁有限公司是陕西恒通果汁集团股份有限公司为了战略发展的需要，结合新疆阿克苏地区的资源状况，于 2012 年 4 月在温宿县农副产品加工园区投资兴建的一座总投资为 1.5 亿元的现代化浓缩果汁加工企业，属温宿县重点招商引资企业。该公司的成立产生了三个方面的效益：一是解决了当地果农卖果难的问题，果农不但出售方便，还将以前无法进入销售市场的三级果变废为宝，让周边果农平均每亩地约增收 400 元。二是带动了当地运输业、仓储业、包装业等相关行业的迅速发展。三是解决了当地数百人就业难的问题。该公司在人才市场组织招聘会，重点组织院校毕业生及当地农民进场应聘，引导院校毕业生和农村富余劳动力就业，并对文化素质和各项业务技能较低的当地农民进行岗位技能培训，促进了当地的就业。

四、建立健全风险防范机制

乡村振兴中，各主体复杂的利益关系不可避免地会带来利益的纠纷，建立健全风险防范机制是乡村振兴战略稳定实施的重要保障。

第一，要稳步推进土地流转工作。健全土地承包经营权登记制度，规范农村土地经营权流转行为，加强土地流转用途管制。强化对工商企业租赁农户承包地的监管和风险防范，规范工商资本租赁农地行为，建立农户承包土地经营权流转分级备案制度。

第二，增强新型农业经营主体契约意识。一是有关部门要尽快完善法律法规，建全订单农业执法体系，加强涉农合同法律法规培训，加强土地流转、订单等合同履约监督，鼓励制定适合农村特点的信用评级方法体系。制定和推行涉农合同示范文本，加强监督管理，规范操作，依法打击涉农合同欺诈违法行为。二是建立正向激励和失信名单机制。一方面，积极探索建立政策红利分享制度，把带动小农户的数量和增收效果作为新型经营主体培育考核、政策支持的主要指标；另一方面，对于不严格履行合约、少收拒收，甚至坑农害农的新型农业经营主体，及时向社会曝光，纳入失信名单，在政策支持、金融服务、资质认定等方面给予相应惩罚。①

第三，建立和完善农业保险机制。农业保险是现代农业风险管理的基本手段，是农业支持与保护政策体系的重要组成部分，其实质是分散农业经营者的风险，提高农户承担抵抗风险的能力。当前，我国新型农业生产经营主体不断涌现，对风险保障的需求更加紧迫。因此，亟须立足我国国情，借鉴国际经验做法，推动农业保险向"需求导向转变"，

---

① 王乐君、寇广增、王斯烈：《构建新型农业经营主体与小农户利益联结机制》，《中国农业大学学报》(社会科学版) 2019 年第 2 期。

建立农户、保险公司利益平衡机制，强化和拓展担保增信等功能，最终真正保障农民利益。例如，引导各地建立土地流转、订单农业等风险保障金制度，并探索与农业保险、担保相结合，提高风险防范能力。

第四，积极推进农村土地承包经营纠纷仲裁工作。建立健全纠纷调解仲裁体系，加强纠纷队伍建设，提高调解仲裁员的业务水平和能力。对农村相关纠纷进行仲裁，可以公平、公正、及时、合理地化解订单农业、土地流转中的纠纷问题，对于稳定各主体间的关系、保护农民合法权益、促进农村改革、发展农村经济、维护农村社会稳定发挥着重要作用。

第五章

第五章

推进质量兴农绿色兴农

第一节　推进质量兴农绿色兴农的社会背景

党的十八大以来，以习近平同志为核心的党中央高度重视我国的"三农"问题，不断推进我国农业技术水平的提高，推进我国农业产业结构的优化升级，推进我国农业现代化建设的进程。在党中央的坚强领导和各地方政府的共同努力之下，我国农业产能不断提升，农村改革持续深化，农民收入稳定增加，为我国国民经济高质量发展奠定了坚实的基础，为我国乡村振兴提供了有力的保障。

一、我国农业发展取得较大进步和成就

党的十八大以来，我国农业发展取得了较大的进步，目前，正迈向高质量发展的新阶段。农业生产布局逐步优化，粮食生产功能区、重要农产品生产保护区划定建设有序推进，特色农产品优势区创建迈出实质性步伐，优质农产品生产布局初步形成。农业资源利用率明显提高，农田灌溉水有效利用系数提高到 0.548，提前三年实现化肥农药使用量零增长，畜禽粪污综合利用率、农膜回收率均超过 60%，农作物秸秆综合利用率超过 80%。设施装备和技术支撑更加有力，建成高标准农田 5.6 亿亩，主要农作物良种覆盖率稳定在 96% 以上，农业科技进步贡献率达到 57.5%，农作物耕种收综合机械化率达到 66%，推广测土配方施肥近 16 亿亩。适度规模经营格局初步形成，新型经营主体总量达到 850 万家，土地托管、服务联盟、产业化联合体等多种形式适度规模经营迅速发展，土地适度规模经营比重超过 40%。产业效益稳步提升，种养业结构调整取得明显成效，农

产品加工业产值与农业总产值之比达到 2.2:1，休闲农业和乡村旅游总产值年均增长超过 9%，涌现出一批知名农业品牌。农产品质量安全水平稳中向好，全国农产品质量安全例行监测合格率连续五年稳定在 96% 以上，绿色农产品、有机农产品和地理标志农产品数量达到 3.6 万个。①

二、我国农业发展在质量和生态方面面临的困境和挑战

我国农业发展在取得重大成就的同时，也面临着一系列的问题和挑战，主要表现在以下几个方面：

第一，农业由增产导向转向提质导向的理念尚未充分普及，农产品生产结构与市场需求不能有效匹配，绿色优质特色农产品不能有效地满足人民的美好生活需要；第二，农产品生产的相关标准体系尚不健全，相关执法体制未有效建立，农产品质量安全仍然存在隐患；第三，农业生产经营方式相对粗放，部分地区资源过度消耗，农业生产过程中的环境污染问题突出；第四，农业科技发展滞后，缺少前沿性、关键性技术成果，此外科技立项与评价机制也不健全，科技未能有效运用于农业生产实践过程；第五，农村一二三产业缺乏深度融合，农产品深加工发展之后，产销市场衔接不畅；第六，我国目前尚处于由农业大国向农业强国迈进的过程中，农产品数量充足但是缺少具备国际竞争力的优质农产品，部分农产品进口依赖程度偏高。

三、当前农业发展的政策导向要求致力于质量和生态

为了积极有效地应对我国在农业发展过程中面临的问题和挑战，实现

---

① 《关于印发〈国家质量兴农战略规划（2018—2022 年）〉的通知》，2019 年 2 月 20 日，见 http://www.moa.gov.cn/nybgb/2019/201902/201905/t20190517_6309469.htm。

质量兴农的战略目标，2018 年，农业农村部、国家发改委等部门联合印发了《国家质量兴农战略规划（2018—2022 年）》(以下简称《规划》)。

《规划》中始终坚持目标导向，紧紧围绕农业高质量发展，坚持绿色化、优质化、特色化、品牌化基本路径，分阶段提出了质量兴农的总体目标。到 2022 年，要基本建立质量兴农制度框架，初步实现"四高一强"，推动农业高质量发展取得显著成效。

"四高"。一是产品质量高。绿色优质农产品供给数量大幅提升，口感更好、品质更优、营养更均衡、特色更鲜明。农产品质量安全例行监测总体合格率稳定在 98% 以上，绿色、有机、地理标志、良好农业规范农产品认证登记数量年均增长 6%。二是产业效益高。农村一二三产业深度融合，农业增值空间不断拓展。规模以上农产品加工业产值与农业总产值之比达到 2.5∶1，畜禽养殖规模化率提高到 66%。三是生产效率高。农业劳动生产率、土地产出率、资源利用率全面提高，农业劳动生产率达到 5.5 万元／人，土地产出率达到 400 元／亩，农作物耕种收综合机械化率达 71%，农田灌溉水有效利用系数达到 0.56。四是经营者素质高。专业化、年轻化的新型职业农民比重大幅提升，新型经营主体、社会化服务组织更加规范。高中以上文化程度职业农民占比达到 35%，县级以上示范家庭农场、国家农民专业合作社示范社认定数量分别达到 10 万家、1 万家。

"一强"，即国际竞争力强。国内农产品品质和农业生产服务比较优势明显提高，统筹利用两种资源、两个市场能力进一步增强。培育形成一批具有国际竞争力的大粮商和跨国涉农企业集团，农业"走出去"步伐加快，农产品出口额年均增长 3%。《规划》还着眼远景谋划，按照"两步走"的总体安排，明确了到基本实现现代化阶段质量兴农的目标。到 2035 年，质量兴农制度体系更加完善，现代农业产业体系、生产体系、经营体系全面建立，农业质量效益和竞争力大幅提升，农业高质量发展取得决定性进展，农业农村现代化基本实现。

《规划》中坚持问题导向，针对质量兴农工作存在的突出问题和关键制约，提出一系列有力措施，重点包括七个方面任务。

一是加快推进农业绿色发展。立足水土资源匹配，调整完善农业生产力布局，实现保供给和保生态有机统一。严守耕地红线，加强节水灌溉工程建设和节水改造，促进水土资源节约高效利用。深入推进化肥减量增效行动，加快实施化学农药减量替代计划，着力推进绿色防控，强化兽药和饲料添加剂使用管理，逐步提高农业投入品科学使用水平。加强土壤污染防治，持续推进秸秆综合利用和农膜回收，切实抓好畜禽粪污资源化利用，大力发展农牧配套、种养结合的生态循环农业。

二是推进农业全程标准化。加快建立与农业高质量发展相适应的农业标准及技术规范，健全完善农业全产业链标准体系。引进转化国际先进农业标准，推进"一带一路"农业标准互认协同，加快与国外先进标准全面接轨。建立生产记录台账制度，实施农产品质量全程控制生产基地创建工程，在"菜篮子"大县、畜牧大县和现代农业产业园全面推行全程标准化生产。

三是促进农业全产业链融合。开展农村一二三产业融合发展推进行动，建设一批现代农业产业园和农村产业融合发展先导区，促进农产品加工就地就近转化增值。强化产地市场体系建设，加快建设布局合理、分工明确、优势互补的全国性、区域性和田头三级产地市场体系。加快完善农村物流基础设施网络，创新农产品流通方式，推进电子商务进农村综合示范，大力发展农产品电子商务。建设一批美丽休闲乡村、乡村民宿等精品项目和农村创新创业园区，培育农村新产业新业态。

四是培育提升农业品牌。实施农业品牌提升行动，培育一批叫得响、过得硬、有影响力的农产品区域公用品牌、企业品牌、农产品品牌。加快建立农业品牌目录制度，全面加强农业品牌监管，构建农业品牌保护体系。创新品牌营销方式，讲好农业品牌故事，加强农业品牌宣传推介。加强市场潜力大、具有出口竞争优势的农业品牌建设，打造国际知名农业品牌。

五是提高农产品质量安全水平。保障农产品质量安全，是质量兴农的底线。进一步加强农产品质量安全监测，改进监测方法，扩大监测范围，深化例行监测和监督抽查。健全省、市、县、乡、村五级农产品质量安全监管体系，充实基层监管机构条件和手段，切实提高执法监管能力。建设国家农产品质量安全追溯管理信息平台，推动建立食用农产品合格证制度，继续开展国家农产品质量安全县创建。深入推进农产品质量安全风险评估，建立农产品质量安全风险预警机制。

六是强化农业科技创新。开展质量导向型科技攻关，强化农业创新驱动。组织实施良种联合攻关，培育和推广口感好、品质佳、营养丰、多抗广适新品种，加强特色畜禽水产良种资源保护。着力提升农机装备质量水平，大力推进主要农作物生产全程机械化。积极推进农作物品种、栽培技术和机械装备集成配套，促进农机农艺融合创新发展，发展绿色高效设施农业。加快发展信息化，深入实施信息进村入户工程，组织实施"互联网＋"农产品出村进城工程，开展数字农业建设，完善重要农业资源数据库和台账，推进重要农产品全产业链大数据建设。

七是建设高素质农业人才队伍。实施新型农业经营主体培育工程，支持家庭农场、农民合作社、产业化龙头企业提升质量控制能力，发挥新型经营主体骨干带动作用。加强新型职业农民培育，推动全面建立职业农民制度。支持建设区域性农业社会化服务综合平台，推进农业生产全程社会化服务。支持农垦率先建立农产品质量等级评价标准体系和农产品全面质量管理平台，打造质量兴农的农垦国家队。①

《规划》的提出，既为我国由农业大国向农业强国迈进规划出一条清晰的路径，也具体有效地回应了人民群众的美好生活需求，满足了人民群众对于绿色、优质农产品的期盼。近年来，我国农业综合生产能力显著提高，突出的标志是粮食总产连续 5 年超过 1.2 万亿斤，肉蛋菜果鱼等产量稳居世界第一，代表着我国的农业生产能力已经步入世界前列。但是，随着我国步入中等收入国家的行列，人民的收入水平有了显著提升，城乡居民的消费结构不断升级，对于农业的发展有了更高的期待，人们不再满足于数量的充足，转而渴求优质、绿色、品牌的农产品和安全绿色、生态环保的农业生产环境。因此，积极推动《规划》的落地实施，推进质量兴农、绿色兴农战略，就是努力保障人民群众生活的幸福感，着力提高人民群众生活的满意度。

第二节　健全农业绿色质量标准体系

我国乡村产业的发展不应该走发达国家"先污染，后治理"的老路，应该坚持绿色发展、生态发展，坚持"绿水青山就是金山银山"的发展理念。健全绿色质量标准体系，首先，优化现有的标准体系，完善标准的制定程序，落实创新驱动战略，同时要发挥市场的主体作用；其次，进一步推动标准的实施，完善标准实施的推进机制，发挥政府和企业在标准实施中的作用；再次，要强化监督标准，建立标准分类监督机制等；又次，提

---

① 《韩长赋解读质量兴农战略规划　全面提升农业质量效益和竞争力》，2019 年 3 月 19 日，见 http://finance.people.com.cn/n1/2019/0319/c1004-30983976.html。

升标准化服务能力，加快培育标准化的服务机构；最后，夯实标准化工作基础，加强标准化人才培养和科研机构的建设等。

一、优化现有标准体系

目前，我国的绿色质量标准体系仍然不健全、不完善，绿色农业的发展先于标准制定的问题十分突出，这既不利于各个市场主体公平有序地参与到农业发展中来，导致一些激励和约束政策难以真正有效落实，对于强化监管和风险防范也是一个严峻的挑战。所以，健全绿色质量标准体系首先需要做的就是优化现有标准体系。而现有绿色质量标准体系的优化则需要把政府单一供给的现行标准体系转变为由政府主导制定的标准和市场自主制定的标准共同构成的新型标准体系。在强制性标准层面，要积极整合精简，将绿色质量标准体系中的强制性标准，如保障人身健康、生命财产安全和生态环境安全等作为底线；在推荐性标准层面，要注意推荐性标准的数量和规模。界定适合乡村产业发展的推荐性标准；同时注意发挥市场的作用，鼓励协会、商会、联合体等具备相应标准制定资格和能力的社会团体与市场主体一起制定团体标准，以满足市场发展和创新的需要，让市场逐渐成为标准制定的主体，让政府在标准制定过程只起一个"安全网"的作用。

在绿色质量标准体系的建立过程中，需要听取市场、农户、科研机构等多方的意见和建议，做到标准制定的公开和透明，同时确保整个标准制定的科学性和公正性。同时优化标准的审批流程，严格审核和复审流程，同时缩短整个标准制定的周期以加快更新速度。此外，由于我国绿色质量标准体系的建立尚处于起步阶段，需要一批专业水平高、市场竞争力强的标准化科研机构的同步建立和一批标准化专业人才的同步培养，以确保我国标准化质量体系的科学性，满足我国农村产业发展的需要。

要充分落实创新驱动战略，在绿色质量标准体系的建立过程中，一是要加强标准与科技的互动，将重要的农业质量标准的建立纳入科研支持的范围，鼓励高校、科研院所等机构积极参与农业质量标准的建立工作，同时鼓励这些科研机构将重要的农业科研成果积极向标准转化；二是要加强专利与标准的结合，在标准的制定过程中要考虑绿色质量标准体系的包容性，将一些新技术、新研究积极纳入标准允许的范围之内，有效提升标准的适用性。

在绿色质量标准体系的建立过程中，国家和行业标准具有广泛适应性，所以需要宽，但同时也要鼓励参与乡村振兴过程的企业和社会组织制定高于国家和行业标准的企业和团体标准，将拥有自主知识产权的关键技术纳入企业标准或团体标准，鼓励企业等市场主体积极进行技术创新，参与到标准制定的工作中来，充分发挥市场主体的作用，调动市场主体的积极性与创造性。

二、推动标准实施

在绿色质量标准体系建立之后，需要推进标准有效落地实施。标准的实施工作主要包括三个方面：一是标准的释义和解释；二是标准的宣传和试点推广；三是标准化统计制度的建立。首先是标准的释义和解释，在标准出台之初，对于重要和难以理解的标准，需要同步出台标准的具体实施方案，并且委托专门机构对于标准进行合理阐释；其次是标准的宣传和试点推广，标准的制定是否合理和有效还需要经过实践的检验，所以要积极推进标准化试点工作，提升示范项目的质量和效益，起到良好的示范和带头作用；最后是标准化统计制度的建立，将标准化的实施纳入企业和团体的经营管理进程中，督促企业和团体在农业生产过程中积极按照绿色质量标准进行生产和经营。

政府作为标准制定的重要参与者，同时也是标准执行的有效监督者。在绿色质量标准体系建立和完善之后，各个地区和各个部门在制定乡村振兴的相关政策措施时需要积极引入标准，运用标准开展宏观调控、产业推进、行业管理、市场准入和质量监管。运用行业准入、生产许可、合格评定／认证认可、行政执法、监督抽查等手段，促进标准实施，并通过认证认可、检验检测结果的采信和应用，定性或定量评价标准实施效果，严把质量关。①

企业是标准制定的重要主体，同时也是标准执行的重要主体。绿色质量标准体系建立之初，在国家和行业标准之下，企业要建立促进技术进步和适应市场竞争需要的企业标准化工作机制。根据技术进步和生产经营目标的需要，建立健全以技术标准为主体，包括管理标准和工作标准的企业标准体系，并适应用户、市场需求，保持企业所用标准的先进性和适用性。企业应严格执行标准，把标准作为生产经营、提供服务和控制质量的依据和手段，提高产品服务质量和生产经营效益，创建知名品牌。同时，要充分发挥其他各类市场主体在标准实施中的作用，建立健全市场标准体系，规范市场行为。

三、强化标准监督

绿色质量标准体系在建立完善之后，还需要完善的监督机制以保证标准的有效实施。绿色质量标准体系主要分为强制性标准、推荐性标准和团体性标准，所以标准的监督也主要从这三个层面来实施。首先，强制性标准往往是市场标准的底线标准，需要市场监管部门依靠行政力量确保标准

---

① 《国务院办公厅印发〈国家标准化体系建设发展规划（2016—2020 年）〉》，2015 年 12 月 30 日，见 http://www.gov.cn/xinwen/2015-12/30/content_5029624.htm。

的强制性执行；其次，推荐性标准和团体性标准除了需要政府机关进行适当规范之外，主要依靠制定团体的责任意识。在市场经济的大背景下，企业和团体的经营活动如果不符合标准必定会被淘汰，因此，企业和团体的自我监督很重要。

在乡村振兴过程中，国家市场监管部门需要积极会同农业农村部门就绿色质量标准体系中一些重要标准的实施情况定期进行监督检查，开展标准实施效果评价，建立标准实施的监督和评估制度。对于标准执行不到位的地方或企业及时要求整改，整改信息要及时反馈给上级部门或者当地市场监管部门，确保整改的切实和高效。

在绿色质量标准体系的实施过程中，需要进一步畅通标准化投诉举报渠道，充分发挥新闻媒体、社会组织和消费者对标准实施情况的监督作用，加强标准化的社会监督。与此同时，还要加强标准化社会教育，强化标准意识，调动社会公众积极性，共同监督标准的实施，共同维护标准的执行。

四、提升标准化服务能力

提升绿色质量标准的标准化服务能力需要从以下两个方面入手：一是拓展标准研发和咨询服务。对于农业生产的国内外标准及时进行对比分析，帮助企业了解国内外标准的差异和区别，拓展企业和团体的国际化视野，使其生产和经营过程更加接近国际化标准，提升企业和团体的国际影响力和竞争力，推动我国农业产品的出口。二是协助企业和团体建立企业和团体标准。主要加强农业企业中中小微企业标准化能力建设服务，协助企业建立标准化组织架构和制度体系、制定标准化发展策略、建设企业标准体系、培养标准化人才，更好促进中小微企业发展。

在绿色质量标准体系的执行过程中，需要大力支持各级各类标准化科研机构、标准化技术委员会、标准出版发行机构等加强标准化服务能力建设。首先，鼓励社会资金参与标准化服务机构发展，引导有能力的社会组织参与标准化服务。其次，加快培育标准化服务机构有利于推动标准化服务的市场化进程，构建和谐有序的市场秩序，引导经济又好又快地发展和运行。

五、加强国际标准化工作

在绿色质量标准体系的建立过程中，我们要积极主动参与国际标准化的工作。一是积极谋求我国绿色质量标准的转变，在对国际化标准充分了解的基础上，积极推动国际化标准转化为适合我国国情的绿色质量标准。二是积极谋求我国的一些优势和特色技术标准成为国际化标准。首先，加大国际标准跟踪、评估力度，对于适合我国国情的标准，要及时组织相关专家和技术人员进行讨论修订，使其尽快转化为适合我国国情的国际标准。其次，鼓励、支持我国相关农业领域专家和机构担任国际标准化组织技术机构职务和承担秘书处工作。建立以企业为主体、相关方协同参与国际标准化活动的工作机制，培育、发展和推动我国优势、特色技术标准成为国际标准，推动我国的农业企业和产业更好地面向国际。

在绿色质量体系的建立过程中，积极发挥"一带一路"倡议、"亚太经济合作组织"、"金砖国家"等的作用，积极谋求与世界各国在农业领域的区域标准化合作，推动我国农产品更好地走出去，深化我国农产品与国际的标准化合作。

六、夯实标准化工作基础

在绿色质量标准体系建立过程中，要推进标准化学科建设，支持更多高校、研究机构开设标准化课程和开展标准化学历教育，同时，进一步推进职业技术教育的标准化建设，培养合格的职业人才。另外，加大国际标准化高端人才队伍建设力度，加强标准化专业人才、管理人才培养和企业标准化人员培训，满足不同农业生产和经营领域对标准化人才的需求。

在绿色质量标准体系建立过程中，要优化农业领域的标准化技术委员会体系结构，增强标准化技术委员会委员构成的广泛性、代表性，广泛吸纳农业生产和经营领域的各个利益群体，鼓励消费者积极参与。利用信息化手段规范标准化技术委员会运行，严格委员投票表决制度。建立和完善标准化技术委员会考核评价和奖惩退出机制。

在绿色质量标准体系建立过程中，支持农业领域的标准化科研机构开展标准化理论、方法、规划、政策研究，提升标准化科研水平。支持符合条件的标准化科研机构承担科技计划和标准化科研项目。加快农业领域的标准化科研机构改革，激发科研人员创新活力，提升服务产业和企业能力，鼓励标准化科研人员与企业技术人员相互交流。推动标准化、计量、认证认可、检验检测协同发展，逐步夯实国家质量技术基础，支撑产业发展、行业管理和社会治理。加强各级标准馆建设，加强标准化信息化建设。

七、农业农村标准化重点

我国农业现代化发展需要一个内容详细、覆盖面广泛、技术水平较高的农业质量标准体系为其提供技术支撑。构建完善的农业质量标准体系，可以实现农产品生产过程有标可依、产品有标可检、执法有标可判。一个完善的农业质量标准体系应当包括农业、林业、水利、粮食、农业社会化服务、美丽乡村建设六个方面的内容。[1]

---

[1] 国务院办公厅：《国家标准化体系建设发展规划（2016—2020 年）》，2015 年 12 月 30 日，见 http://www.gov.cn/zhengce/content/2015-12/30/content_10523.htm。

　　农业方面，制定和实施高标准农田建设、现代种业发展、农业安全种植和健康养殖、农兽药残留限量及检测、农业投入品合理使用规范、产地环境评价等领域标准，以及动植物疫病预测诊治、农业转基因安全评价、农业资源合理利用、农业生态环境保护、农业废弃物综合利用等重要标准。继续完善粮食、棉花等重要农产品分级标准，以及纤维检验技术标准。推动现代农业基础设施标准化建设，继续健全和完善农产品质量安全标准体系，提高农业标准化生产普及程度。

　　林业方面，制修订林木种苗、新品种培育、森林病虫害和有害生物防治、林产品、野生动物驯养繁殖、生物质能源、森林功能与质量、森林可持续经营、林业机械、林业信息化等领域标准。研制森林用材林、经营模式规范、抚育效益评价等标准。制定林地质量评价、林地保护利用、经济林评价、速生丰产林评价、林产品质量安全、资源综合利用等重要标准，以保障我国林业资源的可持续利用。

　　水利方面，制定和实施农田水利、水文、中小河流治理、灌区改造、农村水电、防汛抗旱减灾等标准，研制高效节水灌溉技术、江河湖库水系连通、地下水严重超采区综合治理、水源战略储备工程等配套标准，提高我国水旱灾害综合防御能力、水资源合理配置和高效利用能力、水资源保护和河湖健康保障能力。

　　粮食方面，制定和实施粮油产品质量、粮油收购、粮油储运、粮油加工、粮油追溯、粮油检测、品种品质评判等领域标准，研制粮油质量安全控制、仪器化检验、现代仓储流通、节粮减损、粮油副产品综合利用、粮油加工机械等标准，健全我国粮食质量标准体系和检验监测体系。

　　农业社会化服务方面，开展农资供应、农业生产、农技推广、动植物疫病防控、农产品质量监管和质量追溯、农产品流通、农业信息化、农业金融、农业经营等领域的管理、运行、维护、服务及评价等标准的制修订，增强农业社会化服务能力。

美丽乡村建设方面，加强农村公共服务、农村社会管理、农村生态环境保护和农村人居环境改善等标准的制修订，提高农业农村可持续发展能力，促进城乡经济社会发展一体化新格局的形成。

第三节　大力推进农业标准化生产

农业标准化生产是一个比较复杂的系统，每一个地区、每一个农产品都有其特定的生产标准。这种标准涵盖了农业生产的各个领域，主要涉及种植业、养殖业、饲料、农机、再生能源和生态环境等方面，涵盖了农业生产的产地环境、产品、质量安全、生产操作规程、园区建设、动物防疫、认定认证、包装标识、检测检验等各个环节，贯穿了农产品的产前、产中、产后全过程。

一、加强农业标准化生产知识的宣传和培训

农业标准化生产是传统农业向现代化农业转变的有力工具，它关系农业参与者的切身利益，更关系农业生态环境的保护和我国农业的可持续发展。为确保农业标准化生产的有效实施，必须使实施主体充分认识、理解、掌握农业标准化知识。一方面，通过网络、报刊、农民信箱、电视广播等宣传手段，以形式多样的载体运用老百姓喜闻乐见的方式将农业标准化的相关知识送到基层。加强广大农民和农业经营者的质量意识和标准意识，使安全生产和标准化生产成为农业生产经营者的自发行为准则。另一方面，通过设置农业技术课堂，常态化开展农业标准化知识的培训和讲授，拓展农业标准化培训的深度和广度，不断加强农技推广人员和农村干

部的队伍素质建设。[①]

二、加快土地规模化流转

农业标准化生产以农业产业化经营为基础，需要将千家万户的分散经营转变为规模化经营。而要实现产业化、规模化经营，必须制定详细的农业用地规划，建立统一的土地流转机制，积极推动土地的适度规模经营，探索土地承包经营权流转的方式方法。在符合政策的前提下改革和创新家庭联产承包责任制，建立和健全土地承包经营权流转机制，培育土地流转市场，促进土地流转的规范运行。[②]通过土地租赁、作价入股、合资合作等多种方式依法流转农村集体用地使用权，以"集中留地，统筹利用"为原则，积极探索实物留地、货币补偿、合股经营、等价交换等多种形式的农村集体用地制度，将分散的土地集中起来，形成规模化生产，推动农业产业化经营，为农业标准化生产的推广提供便利条件。

具体而言，需要从以下四个方面促进土地规模化流转：一是进行产权改革。开展农村土地承包经营权确权登记颁证工作，大力宣传土地三权分置政策，解答普通农户的疑惑，为土地流转扫清思想障碍。二是成立专门机构促进流转。各省、各地区可以以商业性公司为中介，从农户手中流转土地，再整合涉农项目资金，修建田间机耕道、排灌渠等基础设施，对土地进行综合开发，然后进行项目招商，以"内股外租"的形式将土地交付企业经营。三是创业服务引流转。全力做好劳动者创业、转移就业服务，为土地流转创造条件。通过对于本地农户进行培训、举办招聘会等措施来促进本地农户的转移就业。四是财政奖补促流转。每年预算安排适当的资

---

① 熊明华：《浙江省发展农业标准化的对策研究》，博士学位论文，浙江大学，2004 年。
② 郭学考：《成都市农业产业建设标准化研究》，博士学位论文，四川农业大学，2012 年。

金作为土地流转专项奖补资金，通过适当的财政补贴提升本地居民土地流转的积极性。

三、加快推进标准化生产示范

要加快示范区建设，选好有代表性的农业标准化示范点。首先要选择具有一定基础的区域建立示范点，或选择在具有特色优质农副产品生产能力的地区建立示范点。以农业龙头企业、专业合作社、家庭农场等生产经营主体为重点，建立蔬菜水果标准园、畜禽养殖标准化示范场。此外，示范点要具有代表性，要根据示范品种和示范区域的不同特点，确定种植或养殖大户中某一个层次为示范点，这样，才能起到较好的示范和推广作用。

由于农业标准化生产投入成本较高，许多中小生产者难以承担。因此，需要政府提供专项资金和各类财政优惠政策对农业标准化进行扶持，在政府增加财政投入的同时应积极探索社会资金的引入，积极引导民间资本、民营资本和外资投入农业领域，为农业标准化生产提供充足的资金支持，逐步形成"政府引导、企业为主、社会为辅"的多渠道、多元化投入机制。[①] 另外，加大金融机构如农业银行、农村信用社在农业标准化生产中的扶持作用，探索在贷款、保险、担保等领域为农业标准化生产提供支持。

四、完善农产品质量安全监管体系

农业标准化生产需要确保农产品符合国家标准和行业标准，因此需

---

① 林兰：《泸州市农业标准化建设状况的调查与思考》，博士学位论文，西南交通大学，2011年。

要提高农产品整体的检测能力和水平。具体而言，可以从以下三个方面着手：一是加大政府对检测部门工作经费的投入力度，增加财政配套资金，或通过农产品质量安全检验检测机构资质能力建设项目的申请，争取资金支持，及时更新检测设备，完善检验检测仪器设备购置和实验室改造，强化基层检测能力。检测机构为了提升自身检测能力，可以利用为企业提供服务的机会，提高自身的社会知名度和影响力，吸引、鼓励农业龙头企业等民间资金投入到农产品质量安全检测机构建设中来，为检测机构发展增添动力。二是完善农产品质量安全检验检测机制。采用分区域、分品种的检测模式，使检测对象覆盖所有农产品，提高质监系统的检验检测能力，增强检测的权威性和有效性。加快推进省、市、县质检体系项目建设，使省、市、县质检体系项目通过计量认证。三是实行严格的培训制度。加大对检测人员的培训力度，提高检测人员的业务水平，实施检测人员执证上岗。提高农产品质量检测能力，确保检测质量。

要确保农业标准化生产成效，需要加强农产品质量安全监管工作，主要包括以下四个方面：一是理顺政府职能，明确责任，建立"分兵把守、协调配合"的监管机制，加强横向配合和纵向联动，做实、做好农产品质量安全监督管理。把农产品监管工作纳入部门考核体系，并作为政府的一项重要工作任务。全面、系统地对监管活动进行科学合理评价，包括对监管的各个参与部门进行综合评价。二是完善食用农产品监测预警制度，实施对土壤肥力、农业环境污染及水土流失等生产环境质量的有效监测，对农产品生产的各个环节进行严格的管控。建立农产品质量安全追溯系统，实施全省农产品产地标签制度，禁止有害化学物质的滥用，实行严格的农产品市场准入制度，确保农产品达到质量安全标准，实现"从农田到餐桌"的全程监管。三是建立反应迅速、部门联动的应急管理机制，强化应急能力建设，对突发的农产品质量安全问题隐患，力求做到早发现、早处置。四是加大执法检查力度，以"零容忍"的态度严厉惩治违法生产和经营者，杜绝假种子、假化肥、假农药等事件发生，对制售假冒伪劣农资和禁用药物的坑农害农大案、要案要集中处理，高度重视蔬菜高毒农药、畜产品中"瘦肉精"和三聚氰胺等非法添加问题，确保农产品的生产与流通安全。

第四节　培育提升农业品牌

实现乡村全面振兴和农业农村现代化，必须要培育和提升农业品牌，加快农业品牌建设，提升农产品的质量和市场竞争力。作为农业现代化的核心标志，农业品牌对于我国农业产业转型升级、农业高质量发展具有非常重要的作用，因此，我们要强化农业品牌意识，提升品牌的塑造能力；科学制定战略规划，切实加强品牌创建；强化扶持培育，优化农业品牌的基础环境；整顿市场秩序，加强品牌保护，确保产品质量；积极开拓市场，拓展发展空间，与此同时要加大科技创新力度，增加品牌科技含量。

一、强化农业品牌意识

各级政府及有关部门要通过组织专题讲座、邀请专家辅导、外出考察调研等形式，深入系统地学习农业品牌战略的相关理论知识，进一步提高对实施农业品牌战略重要意义的认识，更新思想观念，牢固树立与发展现代农业相适应的竞争、市场、营销、无形资产、商标、知识产权等新理念，真正把推进品牌建设作为一项战略举措来抓，努力建设本地优势农业品牌。

要在广大农村基层干部、农业企业家和广大农民群众中广泛宣传实施农业品牌战略的重要性和紧迫性，深入开展思想动员，使他们充分认识实施农业名牌战略在提高农产品国内外市场竞争力、抵御和化解农业市场风险、促进农业经济结构战略性调整、提高农业整体素质和效益、提高人民生活质量、加快实现全面小康社会目标等方面的重要意义，调动他们创立农业品牌的积极性，克服小富即满的小农意识，为实施农业品牌战略打下坚实的思想基础。广泛宣传与农业品牌建设有关的法律法规和相关政策，认真总结各地农业品牌建设的先进经验和成功做法，挖掘一批先进典型和有说服力的案例，充分发挥其示范带动作用。

以乡镇干部、村"两委"成员、农产品企业管理人员和种养大户为重点，加强农业品牌战略相关知识和技能的培训，使基层干部、农业企业家和农民群众不但牢固树立品牌经营理念，而且真正把握农业品牌建设的规律和技能，提高品牌建设的实际能力。

各个地区需要对当地自然条件、资源优势、产业发展状况和历史文化特点进行系统研究，科学制定各地农业品牌战略规划。要按照科学化、规范化、持续化建设的原则，根据不同的地域范围和基础条件，制定相应的品牌战略规划，努力打造全国品牌、省级品牌、市级品牌、区域品牌、行业品牌、企业品牌、产品品牌等多层次品牌战略体系。

农业品牌战略包括农业品牌设计、培育、推介、维护等诸多环节，每个环节又包含诸多内容。战略规划的制定必须系统考虑，避免简单化、概念化，确保规划的科学性、可行性、可操作性。品牌战略的特点在于突出产品或服务的差异和特色。① 要针对目前生产盲目性和结构趋同性的问题，加快农业结构战略性调整，从各地实际出发，指导发展特色优质农产品生产。要通过龙头企业、农业专业合作社、农业科技推广组织、广大农户的有机连接，实现区域化布局、基地化建设和专业化生产的目标，推动农业区域

---

① 赵兴泉、朱勇军：《关于实施农产品品牌战略的调查》，《浙江经济》2006 年第 4 期。

分工布局更为合理，农副产品生产更富特色，增强农产品的市场竞争力。

由于农业品牌建设的艰巨性和集约性特点，各级政府及有关部门要对当地的农业生产资源进行统一规划和整合，打破当前一家一户小规模生产的局限性，坚持走集约化之路，实行统一开发、统一建设、统一管理，集中开展品牌宣传推介，协调一致地进行产品促销，形成整体竞争力和集体优势。只有这样，才能以尽可能小的成本，尽快做大做强农产品的品牌，才能有效解决当前品牌"散、乱、小"的问题。把农业龙头企业建设作为重点来抓，在资金、信贷、用地、税收等方面，加大对龙头企业的扶持力度，立足各地的农业基础，在优势农业领域构建完备的龙头企业体系，通过发展订单农业，联结农民专业合作社、辐射中小企业、带动广大农户参与农业品牌建设。

二、强化品牌扶持培育

各级政府要确定专门机构和人员负责农业品牌战略的实施，落实具体责任，并加强对农业、经贸、发改、工商、科技、知识产权、质检、文化等相关工作部门的协调调度，及时研究解决农业品牌战略实施过程中出现的困难和问题。要把农业品牌创建纳入政府工作考核内容，定期通报，年终考核，加快推动品牌战略的实施。

加强对农业品牌战略的政策研究，加快完善有关农业品牌建设的政策和规则，健全推进农业品牌战略实施的政策，充分调动企业和生产经营者创建农产品品牌的积极性和主动性，加强农产品品牌的培育。充分利用WTO"绿箱"政策，① 积极为农产品品牌提供宣传、策划方面的支持，对

---

① 蒋永穆、王丰：《中国特色农产品安全：基本内涵、体系框架与政策措施》，《学海》2011 年第 3 期。

国家级和省级的农业名牌产品给予重奖。制定促进农业品牌战略实施的产业政策，实行用地优惠、准入优先等措施，鼓励发展品牌农产品的生产加工项目。健全促进农业品牌战略实施的财政政策，对农产品商标注册、无公害农产品产地建设认定等给予一定的财政补贴，对获得有机食品、绿色食品、无公害农产品认证的农产品品牌给予奖励或补助，对获得质量管理体系认证和食品安全控制体系认证的农业企业给予补贴，对本地农产品开拓国际市场给予补助，或者直接由政府出资组织农产品企业外出考察市场、进行产品推销。健全促进农业品牌战略实施的金融政策，在开发、生产、出口等方面为农业品牌企业提供有力的信贷支持，及时解决它们在经营发展中遇到的资金困难问题。

政府及有关部门应以提高农产品质量水平为目标，进一步完善农业标准化生产体系，尽快形成既有国家标准和行业标准，又有地方标准和企业标准的完备标准体系，使特色农产品的生产、加工、包装、储存、流通等各环节都有标准可依，取消无标生产经营。要根据产业发展和市场变化，及时调整完善质量标准和生产技术规范。要健全省、市、县、乡、企业、市场六级农产品质量检测网络，升级检测设备，努力提升检测水平。要积极推行农药销售、使用登记备案制度，对高毒剧毒农药实行定点经营和严格使用，坚决杜绝无序经营和随意使用。要加强有机食品、绿色食品和无公害农产品的认证工作。

加大政府对农业的投入。抓住国家统筹城乡发展、更加重视"三农"工作的大好历史机遇，积极争取上级财政支持，不断加大市级财政对农业的投入。鼓励、引导民间资本、社会闲散资金积极投资农业建设，建立以政府投入为引导的多元化资金投入稳定增长机制，为完善农业基础设施和推进农业品牌战略实施提供资金保障。推动健全农业社会化服务保障体系。加大对农业保险的扶持力度，健全农业保险工作机构网络，扩大保险范围，增加保险品种，积极发挥农业保险在农业和农村发展中的社会"稳定器"、经济"助推器"作用，为农业品牌战略实施提供切实保障。加强农业信息港建设，搞好农业信息服务，积极推行农产品网上交易。加强农业技术推广机构和人才队伍建设，实行乡镇级技术推广机构人权、物权、财权三权归县市的管理体制，严格控制非专业技术人员比例，搞活内部运行机制，搞好技术人员的继续教育，为农业品牌战略实施提供人才保障。

三、加强品牌保护

对已有品牌提供有力保护是政府实施农业品牌战略的重要任务。对假冒品牌行为，必须依法加大打击力度，坚决遏制商标侵权、仿冒名牌等违法犯罪活动。农业、工商、质监等部门要加强协调配合和信息交流，必要时联合开展专项行动，实施多部门、跨区域的联合打假活动，切实维护已有农业品牌的合法权益。

组织和动员社会力量参与打假，形成整体合力。要鼓励广大消费者举报造假、售假信息，引导企业建立完善打假工作网络和打假情报系统，迅速、有效地收集市场上的假货信息，及时向政府监管部门举报，使假冒品牌无处藏身。

继续整顿和规范市场经济秩序，培育良好的市场竞争环境。社会各界特别是新闻媒体、执法监督机构一方面要依法打击农产品市场上的假冒伪劣行为，另一方面要依法支持农产品企业的打假活动，为实施农业品牌战略保驾护航。①

商标权、原产地标志等是国际公认的对品牌的法律保护措施。要充分利用这一法律机制，对富有地方特色、具有一定规模优势或较高

---

① 邢厚媛：《互利创造共赢　融合降低风险》，《中国经贸》2012 年第 15 期。

知名度，且符合商标注册条件的农产品，抓紧进行保护性商标注册，必要时在出口国注册商标。鉴于农业品牌具有价值外部性，农产品生产经营个体注册农产品商标的积极性有限，可由政府部门直接申报注册商标，供符合条件的农户使用。政府要鼓励开展原产地保护农产品、地理标志农产品、世界文化遗产等申报工作，形成多层次、系统性的农业品牌保护机制。

要以质量管理为中心环节，推进企业管理创新。要加强对企业员工、生产经营中的合作组织、广大农户"质量就是品牌"的教育，让他们树立强烈的质量意识，视质量为企业的生命和品牌的内涵。对农产品生产、加工、销售的各个环节，都要加强质量成本管理和工序质量管理，健全完善质量管理体系，确保农产品的高质量。

把政府推行的农业标准化与农产品企业内部的质量管理有机结合起来，企业内部生产、加工、包装、储存的全过程都要与农业标准化相适应，以标准化、规范化促进企业的质量管理，使之符合名牌产品的质量要求。在企业内部建立相应的质量标准、质量控制、质量检测体系，实行全过程、无缝隙质量管理，确保生产出外观统一、内质优良的名牌农产品。

随着质量管理社会化、国际化的发展，实施Ⅰ系列标准认证，已成为产品消除贸易技术壁垒、打入国际市场、参与市场竞争的重要途径。① 为此，农产品企业要着眼Ⅰ系列标准，完善企业内部管理体系，提高质量管理水平，并在此基础上积极主动地开展Ⅰ系列标准认证，以提高产品在国际市场上的竞争力。特别要广泛引进、推广采用国际通用的危害分析与关

---

① 蒋永穆、刘涛：《中国现代农业产业体系构建：原则、目标、基本要求和模式》，《理论月刊》2011 年第 9 期。

键点控制技术和良好的管理规范，瞄准国内一流标准或国际标准进行质量管理，并进行环境质量认证和相关出口国家或地区需要的体系认证。

四、拓展品牌发展空间

品牌发展空间的拓展受质量和知名度的制约。在质量方面，提高品牌科技含量是根本。

科学技术是第一生产力，产品的质量一靠管理，二靠科技。如今，我们正处于科技高速发展的时代，企业的发展、产品质量的保证和市场占有率的提升，越来越离不开科技进步。一个企业要想打造知名品牌，没有科技做坚强后盾是不可能的。

要想增加品牌的科技含量，首先，要加大科技投入，大力发展高技术含量的精深加工型企业，在已有农产品加工企业的基础上，改变原来那种洗泥剥皮式的初加工方式，向熟食、方便、快餐食品方向发展，由原来的原料和中间产品加工向终端产品发展，延长产业链，增加产品的附加值，进行精细化生产。

其次，要努力改进企业的技术装备和产品质量控制设施，在种子选用、生产、加工、包装、储运、销售全过程积极采用先进机器设备。开展技术改造和技术攻关，改进工艺和流程，推广应用先进适用技术，用一流的设备、一流的工艺、一流的技术生产出一流品牌的产品。

最后，要加强企业科技人才队伍建设，重视人力资源的开发，提高农业企业家、农业科技人员的整体素质。加强企业研发中心建设，积极与国内外知名院校、科研机构合作，优化和整合农业科技力量，创新农技推广工作机制和方式，鼓励科研组织和农技人员以技术入股的方式参与品牌经营，增强农业科技创新能力。组织开展新型农民培训工作，造就更多具有一定专业技能的高素质新型农民。

名牌产品不仅要质优，还要有知名度，才能赢得市场认可。从深层次看，品牌是一种创新的文化。一个真正的品牌，要经得起长期的市场考验，经得起广大消费者的考验，既需要在质量、价格、服务方面具有竞争优势，更需要在企业文化上具有竞争力。没有深厚的文化底蕴，就无法培育出著名品牌。为此，农业企业要着眼品牌战略的实施，着力加强企业文化建设，针对不同产品和不同的消费群体，从农产品包装、市场定位、消费者信心鼓励、营销方法、文化内涵等角度，研究制定科学有效的品牌战略，强化品牌创意和营销策划，积极引进企业形象识别体系，塑造和弘扬富有特色的农产品企业文化。①

在保证产品优质和做好市场定位的前提下，投入充分的人力、物力、财力，努力在宣传推介上下功夫。农业企业要根据自身的产品特点和消费者群体特征，把握好各种宣传时机，综合运用各种不同的传播方式，扩大传播范围，提高传播效果，提升品牌的影响力。加强与新闻广播、电视台、报纸和网络媒体的合作，利用大众媒体，广泛宣传农业产业化的先进典型，宣传龙头企业、农民专业合作组织实施品牌战略的成功经验，提高农产品品牌的知名度。充分利用本地的展示展销平台开展农产品品牌宣传推介活动，并积极参加外地及国际的农产品促销活动，努力扩大本地农产品的名牌影响。

抓好农产品流通，加快农产品批发市场改造、升级，积极培育农产品新型专业市场，扶持绿色农产品配送中心等现代物流业发展，广泛运用现代配送体系、电子商务等方式，增强品牌的信息沟通，增强农产品市场在品牌建设中的引导作用。

---

① 王卫平、陈荣耀：《从文化视角看自主品牌战略》，《中外企业文化》2006 年第 9 期。

第五节　强化资源保护利用

建设社会主义生态文明的首要任务就是正确处理好发展与环境的关系。绿色发展是正确处理环境与经济两者关系的本质要求，是正确经济政策和正确环境政策相协调、相融合、相促进的集中体现。乡村产业振兴与社会主义生态文明是相辅相成的，要实现乡村产业振兴，就要强化资源的保护利用，树立生态文明的理念，促进农业资源节约，加强农业生态保护。

一、强化生态文明理念

在乡村产业振兴过程中加强资源的保护和利用，首先需要牢固树立农业生态文明理念，注重人与自然的和谐相处，积极倡导绿色生产、绿色消费，把资源承载能力、生态环境容量作为开展农业生产活动的重要前提。要引导涉农企业、农业经营者和社会大众自觉选择节能环保、低碳排放的生产与消费方式，着力建设资源节约型与环境友好型社会；要按照加快农业经济发展方式转变的要求，进一步加强农业生态环境保护，探索构建有效的农村污染源防控体系，为推进农业生态文明建设、促进地区经济社会全面协调可持续发展作出贡献。[1] 要采用多种方式积极广泛宣传农业生态文明理念、资源节约和环境保护方面的法律法规政策。在农村地区要大力营造资源节约、环境保护、绿色消费和生态文明建设的社会氛围。农业生产资料供应商、农业生产企业、农产品销售商和广大农民要增强社会责任感，把节能环保与农业生态文明当作增强核心竞争力和提升社会形象的大

---

① 陈飞星、张增杰：《生态农业评价综述》，《中国生态农业学报》2001 年第 4 期。

事要事切实抓紧抓好。

　　资源节约是生态文明理念在农业发展中的重要体现。从我国农业经济发展的实际情况来看，依靠增加资源投入来实现农业产量持续提升是不现实的。必须走集约化道路，发展资源节约型和生态高效农业，提高资源利用效率。同时，为了更好地利用有限资源满足更多人口和经济发展的需要，必须建设生态环境保护、资源节约与多级循环再利用、经济效益不断增加的循环型农业。在发展农业循环经济过程中，以提高农业资源利用率为核心，着力推广节约型的土地耕作、肥料和农药使用、农机能源节约、精细化灌溉与旱作农业等技术。提倡节能减排，加强农村生活污染和农业面源污染防治。现阶段，随着农业机械化程度的持续提高，各地的农业节能减排任务更加艰巨。为了有效促进节能减排，实现集约化经营，各地政府有必要进一步完善资源有偿使用制度。大力抓好农业农村生产生活节能，推进农业副产品和农村废弃物的资源化利用，适度发展能源作物，根据实际，发展以村庄农户为单元的农业循环经济模式。

二、加强农业生态环境保护

　　强化资源的保护和利用离不开生态文明建设，农业生态文明建设是贯彻和落实科学发展观的基本要求，更是推动农业循环经济发展的理论基础。目前，我国农村生态环境形势不容乐观：农业面源污染严重、农业副产品和废弃物未完全实现充分再利用、沼气等新能源发展规模小、农渔机械能耗高等。因此，我们要加强农业生态环境保护。

　　第一，优化农业生产方式，减轻农业生态环境压力。改变传统农业过度使用化肥、除草剂、农药等高投入、高能耗、低效益的生产方式，减少农药化肥的使用，对畜禽粪便进行无害化处理，着力推广农作物秸秆沼气化、太阳能等清洁能源。通过发展农业循环经济实现低投入、低能耗、有机化、生态化、高效益的新型农业生产方式。

第二，完善农业生态环境保护的法律法规。要完善农业生态环境保护法律法规，健全农业生态环境保护管理机构设置，加强农业生态环境保护的执法监督，确保农业生态环境保护工作有法可依、执法必严、落实可行。

三、完善农业发展创新机制

首先，完善农业科技创新体制，整合科技创新资源。深化农业科技创新体制改革，加强对公益性农业科研机构和高等院校的资金与政策支持，建成中央、高校和各省科研院所有机结合、优势互补、联合协作的新型农业科技创新体系。现阶段，农业科技创新工作既要加大政府的支持力度，又要充分发挥市场机制作用的原则，调动涉农企业、农民的积极性、创造性，形成政府主导的、多元化的新型农业科技创新机制；既要积极适应全球农业科技的发展趋势，更要立足我国农业发展实际，积极对适用的先进技术进行配套组装和大范围推广；既要提高农业循环经济技术研究水平，更要注重解决农业循环经济发展的现实问题；既要提高农业循环经济科技自主创新能力，还要有效引进和吸收、消化发达国家先进的农业循环经济技术与经验，缩小我国农业科技与先进国家的差距，提高农业科技创新系统的整体功能和效率，使科技创新实实在在地提升农业的素质、效益和竞争力，[①]进而实现资源的保护与利用，推进质量兴农、绿色兴农。

其次，加大对农业循环经济科技创新的支持力度。发展农业循环经济可推动资源的有效利用，而农业循环经济技术是一个有力抓手。农业循环

---

① 张雪娥：《当前我国农业科技创新能力的问题及出路》，《中共福建省委党校学报》2009 年第 4 期。

经济技术具有非竞争性和非排他性，投资者不能完全占有科技创新活动收益，因此，农业科技创新活动必须以政府为投资主体或者通过财政对农业科技创新主体进行补贴，以保持农业科技创新投入的连续性和稳定性。各地政府应积极采取措施，鼓励高技术涉农企业采取有力措施实现农业循环经济发展中关键技术和领域的突破。

最后，注重农业科技发展能力建设。要实现建设世界农业科技强国的长远发展目标，就必须具备一流的研发条件、形成一流的创新体系、培养一流的创新人才。要加强农业及粮食科技平台基地建设。从农业科技的公益性、多学科、多部门、区域化等特点出发，按照加强投入、完善功能、合理布局、避免重复的原则，增加对已有涉农领域的重点实验室、工程技术中心、野外基地（台、站）的投入，进一步改善基础条件。要加快现代农业产业技术体系建设。按照"现代农业产业技术体系建设"计划的总体部署，加快推进已经启动的水稻、玉米、小麦、大豆等粮食产业技术体系建设，注重多部门联动，强化多学科集成，加快实施进程，以增强农业及粮食科技发展能力，促进产业发展。在加大国家各类人才计划对农业及粮食科技创新人才支持力度的基础上，加强人才队伍建设，创新人才培养机制，要组织实施国家"农业高层次科技创新人才专项计划"，培养造就一批具有世界水平的领军人物和一大批中青年高级专家与学科带头人，占领国际农业先进技术研究创新的人才高地，推动我国农业及粮食科技人才队伍建设。

第六章

第六章

推动乡村创新创业升级

第一节　推动乡村创新创业升级的社会背景

习近平总书记指出："贫困地区发展要靠内生动力，如果凭空救济出一个新村，简单改变村容村貌，内在活力不行，劳动力不能回流，没有经济上的持续来源，这个地方下一步发展还是有问题。因此一个地方必须有产业，有劳动力，内外结合才能发展。"[①] 产业振兴是一个长期的过程，脱贫攻坚也是一个长期的任务，它们相互依存、相辅相成。脱贫攻坚需要和推动乡村振兴与发展进行有效衔接，而二者的衔接过程主要是以产业为基础的。近些年，有的地方出现了"空心村"的现象，一些乡村留不住人，日渐凋敝。出现这些现象根本的原因，主要还是乡村没有产业。没有产业，乡村就吸引不了资源要素，人口就会外流。因此，解决"空心村"问题、带领乡村脱贫致富的基本途径就是发展产业。新时代，"大众创业、万众创新"正逐渐向乡村地区延伸拓展，推进乡村创新创业已成为增强乡村产业发展新动能。

目前，我国扶贫工作的开展已经到了啃硬骨头、攻坚拔寨的冲刺关键期，在现有的有组织、大规模的脱贫攻坚工作中，"开发式"扶贫虽然调动了贫困人口的主观能动性，在一定程度上改变了贫困地区和人口"等、靠、要"的思想，提高了当地人民的生活水平，但是在广大的乡村地区，依然存在着较多的贫困家庭。要实现 2020 年全面建成小康社会的目标，消灭绝对贫困仍是我国目前面临的重大任务之一。在农村脱贫攻坚的过程

[①] 《习近平扶贫论述摘编》，中央文献出版社 2015 年版，第 17—18 页。

中要充分发挥政府、企业、社会以及当地村民的力量，将多方力量的合作与创新注入脱贫工作，因地制宜发展产业，助力脱贫攻坚。

一、乡村创新创业的政策背景

习近平总书记明确指出我国脱贫的根本方针在于发展，指出"贫困地区要从实际出发，因地制宜，把种什么、养什么、从哪里增收想明白，帮助乡亲们寻找脱贫致富的好路子"。产业兴旺是解决农村所有问题的前提，是乡村发展与振兴的重要基础。党的十八大以来，在制度和政策层面上，产业扶贫的创新主要围绕着精准识别、精准帮扶等来展开，强调产业的创新发展对贫困人口和贫困地区有巨大的牵引作用，这主要体现在培育新型农业经营主体、促进农村一二三产业融合和发展地区特色产业三方面。

第一，培育新型农业经营主体。培育农村现代经营管理和技术人才，为各类经营主体发展提供人力资本支持。2017 年 5 月，中共中央办公厅、国务院办公厅印发了《关于加快构建政策体系培育新型农业经营主体的意见》，提出要"加快培育新型农业经营主体，综合运用多种政策工具，与农业产业政策结合、与脱贫攻坚政策结合，形成比较完备的政策扶持体系，引导新型农业经营主体提升规模经营水平、完善利益分享机制，更好发挥带动农民进入市场、增加收入、建设现代农业的引领作用"。掌握农业技术是发展现代农业必不可少的条件、面对农村人口空心化和老龄化等问题，需要通过教育政策、待遇福利政策以及公共服务政策多方面配合，吸引懂经营管理并且愿意扎根农村的优秀人才，促进乡村和城市人口的双向流动，鼓励有志在农村发展的青壮年投身农业现代化建设。

培育优秀新型农业经营主体，要着力从以下三方面入手：一是组织各经营主体学习相关知识，丰富知识储备，拓展自己的视野，同时通过学习和积累实践经验，不断提升组织能力和市场运营能力。二是发挥农民创业成功者的激励带动作用。政府部门可以通过会议、电视、网络、报纸、板报等形式对农民创业成功案例进行推广宣传，并组织创业成功者进行创业经验分享，从而激励和提升新型农业经营主体的自信心。三是政府部门要积极引进先进的科学技术，带领新型农业经营主体学习并掌握相关技术，并将这些技术运用到产业中，从而促进产业快速发展。

第二，促进农村一二三产业融合。党的十九大报告提出，要实施乡村振兴战略，促进农村一二三产业融合发展。促进农村一二三产业融合发展，是以习近平同志为核心的党中央在面对新时代农村改革发展过程中出现的新问题时作出的重大决策；是实施乡村振兴发展战略、优化升级传统产业、加快推动农村农业现代化步伐、促进城乡顺利融合发展的重要举措；同时也是推动农村繁荣、农业增产增效、农民增加收入的重要途径。① 因此，坚持农村地区一二三产业融合发展，具有巨大的理论意义和实践意义。

从我国发展新的历史方位来看，农村一二三产业融合具有巨大的发展空间。党的十九大后，社会主要矛盾已经转化为人民日益增长的美好生活需要和不平衡不充分的发展之间的矛盾。其中，最重要的就是解决我国发展不平衡不充分的问题，这就需要我们打破各行业、区域、城乡之间发展的阻碍，组织协调好各种资源要素的使用，促进形成资金、人才、技术、信息等资源要素有序流动、融合发展的新局面。乡村经济的发展要坚持全面，不能仅局限于某一地区或产业，要加快推动农村一二三产业融合发展，更好地整合、调配资源要素，实现各产业和多区域间的优势互补和良性互动。

第三，发展地区特色产业。坚持因地制宜发展特色产业，加强地方独

---

① 余欣荣：《大力促进农村一二三产业融合发展》，2018 年 4 月 27 日，见 http://www.rmlt.com.cn/2018/0427/517734.shtml。

特优质资源的挖掘、开发、利用和保护。从外延上看，乡村特色产业包括乡村农业、乡村文化业、乡村手工业、乡村旅游业、乡村农副产品加工业以及乡村美食业等；从内涵上看，乡村特色产业具有地域专属性、资源独特性、内容新颖性和绿色生态性，呈现鲜明的地方特色。发展乡村地区特色产业必须要抓住重点，攻克难点，着力在提升素质提高质量的基础上展现独特的乡土气息。

发展特色产业还需关注产业间的关联性和地域聚集性。要坚持多产业链发展导向，突出地区重点企业的带头作用，引导特色产业从生产环节向前后链条延伸，形成产前、产中、产后一条线的产业链条。以优势特色产业为基础，顺应"互联网+"趋势，不断挖掘乡村产业在经济、文化、社会以及生态方面的价值，加快发展农村旅游娱乐、人文感受、休闲养生、电子商业等新兴产业，促进农村一二三产业融合发展。

二、乡村创新创业的意义

改革开放以来，我国乡村经历了乡镇企业异军突起、体制内人员"下乡下海"创业、城镇居民和职工下乡创业和新型农民创业等几次创新创业浪潮，为农村经济发展提供了新动能，对乡村经济产生了深远影响。创新创业对把握农村发展的新机遇、建立城乡高度融合的全产业服务体系和助力脱贫攻坚具有积极意义。

创新创业能培育新生代乡村振兴人才队伍。新生代青年农民普遍教育程度较高、对农村农业的认识眼界更宽，是农村新型经营和服务主体的主力军。将他们培育成职业农民、生产能人、经营能人，调动其反哺家乡和奉献家乡的积极性，是乡村振兴的关键所在。

创新创业能带动农村新业态发展。回乡创业者能有效整合城乡各类资本资源，从事规模特色化种植、养殖业及农副产品加工业。他们带回了家乡缺乏的技术和市场信息，而且还起到了技术的示范、推广等作用。在"农牧渔"初级生产的基础上，成长为以销售定加工、以加工定生产的"产加销""贸工农"一体化发展格局，逐步形成了以某个专项农产品生产和加工为"龙头"的产业化经营，因此在当地形成支柱产业、特色产业。

高素质农村人才回乡创业能丰富农村生活。农民工中最具开拓精神、最有生命力的群体是回乡创业者，他们在城市完成了自身物质资本和人力资本积累之后回乡投资创业，不仅带回了资本、技术和市场信息，更带回了现代消费观念、思想方式、生活形式。他们引导着更多农民关注文化知识学习、后代教育培养等，丰富了农村生活。

创新创业促进城乡融合发展。农民工回乡创业使得城乡资源要素重组后出现多种经济效应，如农村电商促进城乡市场资源融合、农村一二三产业联动带来城乡产业深度融合、农村创新创业需求刺激城乡社会服务高度融合等。

实践证明，农村创新创业使得城乡之间在市场、资本信息、技术、治理、人才和理念等方面深度交融。通过拓展农业发展的路径，增加农村地区农业发展的活力，进一步提高农民的收入水平，逐步缩小城镇与农村间的发展差距，实现城镇与农村的协调发展，促进乡村振兴战略全面实施。

第二节　乡村创新创业的基本原则

随着国家"大众创业、万众创新"战略的深入推进，一大批农村创业创新人员投入现代农业和新农村建设。2016年，国务院办公厅印发《关于支持返乡下乡人员创业创新促进农村一二三产业融合发展的意见》，这是党中央、国务院高度重视乡村创新创业而作出的一项重大决策。该意见从政策扶持开始到社会保障，给出了 8 个"政策大礼包"，促进各地在推进农村创业创新方面取得了一些成效。而在具体的政策落实及实践过程中，需要遵循以下基本原则。

一、因地制宜突出特色

发展乡村产业必须要坚持因地制宜的理念，各个地区的经济基础、资源要素、基本设施以及自然地理等环境条件各不相同，因此要充分考察各地区的环境情况，并在此基础上充分挖掘地方优势，合理利用和发展地方优势资源，把资源优势转变为产业优势，不断提高各地总体经济的发展水平。同时为了更好地展现乡村地域特色、创造乡村价值以及传承乡村文化，我们需要根据各地区自身的潜力和优势，不断调适经济结构，抓住特色资源，发展出独特、具有吸引力的乡村产业。总之，要根据自身条件选择一个独特又合适的发展模式，并在实践的过程中不断完善它。

二、政府指导市场主导

在当前发展乡村经济的过程中，必须处理好政府和市场之间的关系，要使市场在资源配置中起决定性作用。首先，在当前社会背景下必须坚持以市场为主体的原则，围绕着市场需求来发展产业；通过结合市场手段和遵守客观规律，自主选择需要投入的资源要素的规模、确定产业发展方向和布局、融合多种发展方法和途径。其次，要更好地发挥政府的支持和引导作用，在政府的指导下逐渐促进农村制度化改革，促进市场要素合理分配；相关政府部门要制定科学的发展规划，引导各地区科学发展产业；健全相关的法律法规，创造出一个安全的产业发展空间；完善市场环境，为各地区提供更多优质的公共服务。引导乡村形成一种以农民为主体、企业带动和社会参与相结合的乡村产业发展格局。

三、联农带农融合发展

当前，我国经济发展已由高速增长阶段转向高质量发展阶段，对农村经济发展提出了新要求。在新的环境下，农村经济要想继续发展，必须进行内部转型与升级，培养一批新型的农业经营主体，促进现代农业产业体系朝着高品质高效率的方向发展。促进城乡融合发展，在农村中大力发展以农业、农副产品等农村资源为依托的第二三产业。构建一条全产业链，以第一产业为依托，着重发展第二三产业，为农村农民创造大量就业岗位，帮助他们顺利上岗，从而带动农村经济的发展，提高农民的生活质量，满足人民对美好物质生活和文化生活的需要。乡村三产融合发展，通过改造原有传统的发展动能，发掘创新新的发展动能，提高农村经济发展的活力、创造力和竞争力，从而为产业兴旺提供了巨大的动力支持。

四、绿色引领健康发展

坚持人与自然和谐共生，走乡村绿色发展之路，必须处理好经济发展和生态环境保护之间的关系。第一，以绿色发展理念为引领，循环回收利用各类有效产业资源要素，在农村三产融合发展的各环节中，坚持高效率、和谐以及可持续发展原则，以节约节能、降低污染的发展方式，促进乡村经济和产业发展。第二，坚持绿色加工农副产品，农产品在从养殖到初加工、精深加工以及副产物的利用过程中，每一步都要达到安全无害化的标准，做出健康优质的成品。第三，合理规划产业布局，使一二三产业搭配达到最优化，可以将农村农业、农产品加工业与旅游业、文化产业、休闲养生、运输物流等产业相融合，努力构建农村产业绿色发展的全产业链。同时也要全力践行绿水青山就是金山银山的发展理念，严守耕地和生态保护红线，节约资源，保护环境，促进农村生产、生活、生态的协调发展。

五、科技支撑创新引领

乡村产业发展的关键在于科学技术的进步和自主创新。科技与创新是提高产业市场竞争力和永续发展的关键，特色产业要想做强做大做久，必须要有技术支撑。因此，在新时代背景下，促进农村一二三产业的融合发展，就要改变工业时代的传统思维，增强数字化思维，运用好信息化和智能化。科学技术是第一生产力，在我国农村脱贫攻坚工作中发挥着十分重大的支撑和指导作用。在我国广大农村地区，普遍存在着大量低学历的劳动力资源，可以说农民所掌握的科学技术文化知识的多少，与农村农业增效和农民增收有直接的联系。因此，政府要贯彻实施科技下乡活动，鼓励农民积极学习，只有不断地学习相关科学技术，丰富自身知识储备，才能不断地促进农村经济的发展。同时，我们在进行科技的帮扶过程中，还要注意具体情况具体分析，先考察不同地区的基本情况，然后因地制宜地进行扶贫，不断利用先进的科学技术促进农村经济的发展。

第三节　推进乡村创新创业的政策选择

自改革开放以来，农村经历了三次创业高潮。20 世纪 80 年代，一批敢为人先、自强不息的农村"弄潮儿"创办了农村第二三产业。90 年代，农村青壮年就地就近创业和进城务工经商创业。党的十八大以来，随着技术和产业之间的频繁交互与融合，导致了大量新产业和新业态的出现，大批返乡入乡在乡人员利用在城市积累的资金、技术、经验和市场渠道，在城乡两头创业，形成第三次创业浪潮，正好与乡村产业振兴契合。促进乡村产业振兴，需要一大批敢为人先、百折不挠的创新创业者。目前，"大众创业、万众创新"的理念深入人心，随着各地区认真贯彻与落实，各界纷纷响应，各种新产业、新模式、新业态不断涌现，给社会注入了新活力，带来了巨大的创造力，成为农村脱贫攻坚的一大亮点。新时代创新创业正在广袤农村发展得风生水起，成为农村经济发展的一道亮丽风景线，同时也促进了城乡融合发展。

习近平总书记指出，在充分激发乡村现有人才活力的同时，也要把目光投向城市，吸引城市人才走进乡村进行创新创业。政府可以通过建立一系列有利于引进人才的政策措施，激励各类相关人才在广阔的农村大显身手，共同打造一支强大的农村人才队伍，在乡村形成人才、土地、资金、产业汇聚的良性循环。就如何推进农村创新创业，增强乡村产业发展新动能，有以下三个方面的政策选择。

一、强化公共服务促进农村创新创业

第一，培育创新创业群体。一是在宣传上鼓励在外打工人员"返乡创业，回乡就业"。大力宣传通过回乡创业带动农村共同致富的成功典型，表彰先进创业者、回乡就业模范等，从精神上鼓励回乡创业就业共同发展。二是支持和培育参股、合作、协议等多种形式的农村新型经营和服务主体。政府"返乡创业"专项扶持政策中要考虑就业带动因素，激励就业创造效应明显的创业项目。对区位条件较差的地方，采取创业支持的倾斜政策，主要从创业就业信息、从业培训、项目申请等方面给予支持。对于区位条件较好的地方，鼓励以农村创新创业园、农村创客基地等形式争取聚集发展。三是在政治待遇上对返乡农民工给予更多的帮助。对于返乡就业创业中的佼佼者，通过人大代表或政协委员的选举，把优秀者选出来，让其在本村或者社团组织中担任职务，增强其创新创业共同体的归属感。《中共中央 国务院关于实施乡村振兴战略的意见》强调，实施乡村就业创业重点在于推动和落实各种各样的优惠政策，通过政策推动、乡情感动、项目带动等，搭建有利于各类专业人才返乡入乡平台，引导各行各业优秀人才齐聚乡村，共同为乡村发展出谋划策，带动农村各类优秀人才创新创业，把智创、文创、农创引入乡村，加速资金、技术和服务向乡村延伸，支持返乡入乡人员创新创业，支持返乡农民工到县城和中心镇就业创业，引导农民工在青壮年时返乡创业。

第二，搭建平台载体促进农村创新创业。随着国家"宽带中国"战略的实施，农村网络信息基础设施日益完善，互联网已经走进农村千家万户。积极拥抱互联网发展的历史机遇，推动乡村振兴和互联网发展深度融合，搭建"互联网＋"平台，让农村既充满网络时代发展活力，又富含信息时代发展文明。发挥互联网通用基础设施的强大溢出效应，积极推动互联网和乡村经济社会发展融合，有助于更好、更快、更深地推动乡村振兴，让亿万农民有更多实实在在的获得感、幸福感、安全感。《中共中央 国务院关于实施乡村振兴战略的意见》提出，创建一批具有区域特色的农村创新创业和实训孵化基地。积极搭建"互联网＋创业创新""生鲜电商＋冷链宅配""中央厨房＋食材冷链配送"等平台，培育发展信息化、智能化、精细化的现代乡村产业发展载体，推行智能生产、经营平台、物流终端、产业联盟和资源共享等新模式。

长期以来，农业农村基础设施建设和公共服务对农村经济社会发展产生了巨大的直接效应和间接效应，是推动农业农村发展的动力引擎。因此，要加快补齐农村基础设施短板，促进城乡基础设施互联互通，推动农村基础设施提档升级，为农村地区产业发展提供良好的基础建设。其重点主要是两个方面：一是推动"放、管、服"改革，让各类人才受益于良好的政策，体会到乡村的便捷，让他们投资更加舒心。二是加强专业技术培训，因地制宜发展农村特色产业，培育一批专业技术人员，实施网络化技术化管理，让新农民唱主角，举办新农民新技术创业创新博览会、农村创新创业大赛，宣传推广创新创业典型案例，让创新创业创造活力在农村蔚然成风，形成新的农村风貌。

二、科技创新引领乡村农业发展

科技是战略支撑，创新是第一动力，科技创新是农村产业兴旺、农产品质量效益提升等方面的强力支撑。将科技创新注入农村农业发展中，围绕农业和农产品大力引导科技成果转移和转化，为乡村经济社会更好更快发展提供有效的动力。我国是农业大国，因此要牢牢掌握农业科技发展主动权，通过科技引领农业发展，加快农业科技改革创新，进一步提升农业科技创新供给质量，保障国家粮食安全，支撑引领农业农村高质量发展，从而打赢脱贫攻坚战。科技引领农业发展可以从以下几个方面入手。

强化农业科技创新有效供给。第一，健全国家农业科技创新体系，培育培养一批农业农村科技创新主体，引入农业新技术，根据实际状况不断调整农村农业技术路线，加快构建出一个完善、优质、高效、绿色、安全发展的技术体系，不断将科研创新成果转变为实践成果。第二，在农村建立起科学研究、基地建设、人才队伍培养一体化的发展体系，提升我国农业科技战略力量；同时也可以将国家重点实验室、技术创新中心、临床医学中心等创新平台基地向农村地区延伸，提高农村农业的活力、创新力和竞争力，加快农业农村现代化步伐。第三，实施农业农村现代化技术创新工程，瞄准农业现代化的主攻方向，也是促进农业发展的一大策略，系统布置种植业自主创新、现代牧场、智慧农业、绿色宜居村镇建设等技术创新任务，促进农业生产智能化，提高经营网络化水平。

推进农村科技社会化服务体系建设。我国虽地域广阔，但人口众多，户均耕地面积很小，这就决定了我们像欧美国家那样搞大规模农业、大机械农业是行不通的，多数地区都必须通过健全的农村农业社会化服务体系，来实现农村小规模农户和现代农业发展的有机衔接。通过政府引导、社会参与、科技资源系统集成，突出发展农民合作社和家庭农场两类农业经营主体，着力推进公益性与市场性协同的农村科技社会化服务体系建设。加强农村科技服务型企业培育和农业农村科技成果应用示范，按照"服务机制市场化、服务主体多元化、服务内容专业化、服务手段信息化"的要求，把小农户引入现代农业发展轨道，以科技成果转化服务为核心，将科技资源与其他资源有效配置，实现科技人才、科技金融、科技企业、科技政策等协同发展，将科技成果转化为现实生产力，转化为现实的产业贡献、社会财富和农民收入。

发展农业高新技术产业。产业兴旺是解决农村一切问题的前提，通过发展高新技术产业，推动产业竞争力。借鉴杨凌干旱半干旱农业发展、黄河三角洲盐碱地治理建设经验，围绕智慧农业、有机旱作农业等主题培育、创建一批国家农业高新技术产业示范区，建设一个集现代化农业创新、产业和人才为一体的高地，推动农村一二三产业融合和产城产镇产村融合，发挥三次产业融合和城乡融合发展的乘法效应。同时也可以发挥各种生物技术等前沿技术的支撑作用，推动传统农产品加工向现代食品制造跨越，把食品产业培育成高战略性的技术产业，培育一批具有国际竞争力的食品高新技术企业，形成一批有强大的带动性、特色鲜明的食品高新技术产业集群。

民以食为天，以农业为本，现代农业的发展，根本出路在于科技。科技对农村农业产业的发展发挥着重要的支撑和引领作用，因此要让科技与现代农业紧密结合，利用科技这一"助推器"，促进传统农业产业升级，源源不断地为现代农业注入强大的活力和动力，提升农民科技致富的本领，进而推动现代农业的快速发展。

三、发挥企业创新创业中流砥柱作用

在农村脱贫攻坚创新工作的开展中，企业发挥着至关重要的引领和推动作用，企业能够为农村的发展提供充足的就业机会和创业支撑，尤其在一些农村地区大型企业和农村企业发展迅速，很大程度上带动了当地的经济发展。首先，农村企业可以给当地的经济注入活力，通过发展一些以农业为基础的产业，如食品加工业、手工业、运输业等，帮助大量无业游民上岗，吸收农村剩余劳动力。其次，农村企业还可以在生产种植方面为农民提供帮助，在政府的引导下，农村企业通过与当地的农村签订合作合同，以优惠的价格向村民提供种植所需的工具和肥料，且以合理的价格对农民种植或加工的农产品进行收购，促进双赢。在这一过程中需要政府做好以下工作，首先，政府要大力扶持农村企业的发展，拓宽企业融资渠道，减少税收以支持企业的创办。其次，政府要发挥监督作用，保护农民利益不受损，促进企业、农民双赢，从而推动农村脱贫攻坚工作的开展。最后，还要建立完善的公开公正机制，体现社会公平。

当前，我国乡村脱贫攻坚已经到了啃硬骨头、攻坚拔寨的冲刺阶段，在这一关键时期，我们要动员全党全社会的力量，齐心协力打赢脱贫攻坚战。习近平总书记在中央扶贫开发工作会议上指出，"脱贫致富不仅仅是贫困地区的事，也是全社会的事，要更加广泛、更加有效地动员和凝聚各方面力量""鼓励支持各类企业、社会组织、个人参与脱贫攻坚""要引导社会扶贫重心下沉，促进帮扶资源向贫困村和贫困户流动，实现同精准扶贫的有效对接"。习近平总书记的重要讲话对民营企业参与乡村脱贫攻坚战作出了明确指导，提出了具体要求，同时也向企业注入了强大的信心和动力，广大民营企业也积极响应号召，认真贯彻落实相关政策，积极关注农村地区的实际需求，结合企业自身的产业优势，全身心地参与脱贫攻坚战。我们相信，民营企业一定会成为打赢脱贫攻坚战的重要力量。

自脱贫攻坚以来，如重庆市坚持政府投入在扶贫开发中的主体主导作用，同时积极发挥国有企业优势，不断加强国有企业金融资金对扶贫开发的投放，引导国有企业加大对脱贫攻坚的支持力度，吸引更多资源资金参与扶贫开发，切实为打赢脱贫攻坚战作出了贡献。又如，新疆维吾尔自治区库尔勒市按照党中央和自治区、自治州党委脱贫攻坚决策部署，注重发挥企业（合作社）带动产业扶贫的作用，通过"集中托养、投畜分红、滚动发展"的方式发展养殖业，全市共有 1 个企业、10 个合作社、24 个大户带动 470 户脱贫户参与畜禽养殖托管，畜禽总价值达 518.41 万元，确保了脱贫户获得稳定收益。

第四节　推进乡村创新创业的实践策略

科技扶贫、精准脱贫，要牢牢抓住创新驱动这个"牛鼻子"，将创新贯穿于乡村产业振兴扶贫的各个阶段。乡村脱贫依靠产业发展来实现，产业发展要靠创新创业来引领。当前，我国农村原有的传统产业发展面临着诸多问题，这就需要通过改革，引进新技术、新资源以及优秀创新人才，给农村注入新鲜活力，激发农村的资源要素，在农村地区掀起创新创业热潮，切实找准产业发展着力点，最终带领农村农民依靠自己实现脱贫。科技引领创新，创新驱动发展，增强乡村产业发展新动能要从以下策略入手。

一、创造就业机会

"扶贫不是慈善救济，而是要引导和支持所有有劳动能力的人依靠自己的双手开创美好明天。""输血"不如"造血"好，带领乡村居民自力更生，用自己的双手创造财富才是正确的道路。

目前，我国农村存在两种贫困现象。一种是由于缺乏能够带来收入的劳动力而陷入贫困的家庭，另一种是不懂得如何提升生活水平，长期处于低收入状态的家庭。因此，面对我国广大农村地区当前的贫困状况，我们要做的就是组织和开展好农村就业工作，建立培养机制，培育出一批本土人才，帮助贫困村民学习相关的知识和技术，提升村民自身的能力，并为他们提供充足的就业机会，让每个村民通过学习都能实现上岗。

我国地域辽阔，民族众多，各个地域和民族都有其独特的文化，因此在各地区开展农村劳动力就业项目时，要考察好当地的基础情况，因地制宜地制定不同的就业方案来推动当地农民就业。同时，还要制定相应的优惠政策来吸引和鼓励农村劳动力在本地就业，推动本地区的产业发展。还可以将一些劳动密集型企业建立在具有丰富劳动力的农村地区，为这些地区提供大量的就业岗位，解决他们的就业问题。除此之外，政府也可以提供相关的优惠支持政策，鼓励农村人口积极创业，让大量的农村人口自谋营生，并相互扶持发展。

2018 年中央一号文件指出，乡村振兴是一项系统工程，产业兴旺是重点，生态宜居是关键，乡风文明是保障，治理有效是基础，生活富裕是根本，五者统一于农业农村现代化建设。农业要成为有奔头的产业，农民要成为有吸引力的职业，农村要成为安居乐业的美丽家园。这一切都要求乡村有充足的就业，而这些就业又是与乡村的特点相对应，是农民熟悉的，如优质安全食品的生产、食品加工、食物运输与销售、乡村环境治理、绿化美化、乡村旅游等。我们认为，乡村振兴首要任务是要给农民在家门口创造就业机会，围绕着优质安全食物生产做文章，围绕农业再由此发展加工业、商业、手工业以及文化、教育、旅游、养老等产业，促进农村一二三产业融合发展，拓宽增收渠道。

"授人以鱼不如授人以渔"，针对贫困户劳动力技术素质低的实际情况，安徽省定远县永康镇加强与人力与社会保障等部门的密切协作，通过创造就业机会，助力脱贫攻坚。综合培训和转移就业相结合，通过组织贫困户劳动力参加各种技能培训，切实抓好贫困户劳动力的转移就业，努力实现"培训一人，转移一人，脱贫一户"的目标。同时加快就业工程项目的立项和就业岗位的开发，按照"一村一品"、因地制宜的要求，深入推动贫困村拂光村 3000 平方米、贫困村山东陈村 1500 平方米标准化、操作简单、适合"三留守"人员的就业扶贫车间建设，现已完成土地征收和招投标工作。

二、发展特色产业

2015 年 11 月 29 日，《中共中央 国务院关于打赢脱贫攻坚战的决定》（以下简称《决定》）从六个方面阐述和规定了如何发展特色产业助力脱贫攻坚，包括：一要实施贫困村"一村一品"产业推进行动，扶持建设一批贫困人口参与度高的特色农业基地。二要加强贫困地区农民合作社和龙头企业培育，发挥其对贫困人口的组织和带动作用，强化其与贫困户的利益联结机制。三要支持贫困地区发展农产品加工业，加快农村一二三产业融合发展，让贫困户更多分享农业全产业链和价值链增值收益。四要加大对贫困地区农产品品牌推介营销支持力度。依托贫困地区特有的自然人文资源，深入实施乡村旅游扶贫工程。五要科学合理有序开发贫困地区水电、煤炭、油气等资源，调整完善资源开发收益分配政策。探索水电利益共享机制，将从发电中提取的资金优先用于库区移民和库区后续发展。六要引导中央企业、民营企业分别设立贫困地区产业投资基金，采取市场化运作方式，主要用于吸引企业到贫困地区从事资源开发、产业园区建设、新型城镇化发展等。通过六个方面的阐述和规划，《决定》对脱贫攻坚时期的产业化扶贫进行了整体勾画。

我国是一个历史悠久的国家，56个民族各具风采，具有独特的民族文化和风俗习惯。因此，在发展乡村特色产业的过程中，要因地制宜，充分发展具有较大优势的产品，着重围绕"特"字做文章，聚集资源要素，坚持创新引领，增强乡村产业发展新动能，同时打造全产业链、提升价值空间，发展乡村特色产业。在尊重农业特点和乡村发展规律的基础上，综合开发和利用农业资源，构建一条农产品的种植、加工、运输以及售卖产业链，促进乡村经济多元化发展，不断提高农民收入，满足农民的多样化需求。因地制宜发展多样化特色种养，积极发展特色食品、农产品、制造、手工业等乡土产业，积极发展水果、绿色有机蔬菜、新鲜茶叶、五谷杂粮、中药材、特色养殖、花卉苗木等有独特技术或手艺、市场潜力大的特色产业，着力打造乡村特色产业带。

例如，安徽省无为县因地制宜选好特色产业，强化特色产业项目建设，做好特色产业示范引领，用特色产业助力脱贫攻坚，取得了显著成效。为增强特色产业扶贫示范效应，无为县围绕河蟹、蓝莓、油用牡丹等特色产业，遴选带动能力强、效益好、投资风险小的市级以上农业产业化龙头企业，鼓励企业扩大产业规模、实施扶贫开发项目。目前，该县投入专项扶贫资金1784万元，在襄安、无城、开城等6个镇的5家市级以上龙头企业率先组织实施，按照企业配套资金不少于总投资40%的要求，共撬动企业自筹资金650万元，全部投入到河蟹、蓝莓、油用牡丹等特色示范产业项目建设，通过示范引领，带动更多企业发展特色产业助力扶贫。又如，山东省烟台开发区潮水镇立足实际，深入挖掘各村资源，以发展特色种养殖业为抓手，不断增加村集体和贫困群众收益，巩固提升脱贫成效。潮水镇墟里村，葡萄变身"招财果"，600多亩优质葡萄种植基地成为村民们的"致富田"。玫瑰香、金手指、黄宝石等各品种葡萄年产量90多万千克，年销售额800多万元。潮水镇六十堡村充分利用山间荒地资源和农业养殖经验，成立生态养殖合作社，改变了村民"单打独斗"现状，与周边连锁超市建立起销售平台，年收入达到20万元以上，带动整村实现了脱贫摘帽。

三、发展乡村电子商务

新时代是一个网络发达的时代，近几年，电子商务行业飞速发展，已经开始延伸到农村，这对农村来讲是一个很好的发展机会。因此，助力脱贫攻坚可以从扶持农村电子商务入手。

加快农村电子商务发展，促进实体经济与虚拟经济融合，有利于促进消费、扩大内需，推动农业升级、农村发展、农民增收，助力扶贫攻坚。但是，目前我国农村面临着电子商务发展相关政策规划体系还不够完善、实务技术与实用人才人员匮乏、农村电子商务企业带动效应不强、村镇物流配送不够健全等问题需要解决的现状。近年来，政府紧跟时代发展，通过制定相关政策规定，不断推动农村电商的发展，各项推动农村电商发展的政策正在一步步得到落实，农村电商将进入一个新的发展时期，农民收入也将会不断提高。针对上述问题，应从以下几个方面加以解决。

第一，落实相关政策，为产业发展提供政策支持。在资金方面，加大政府财政扶持力度，重点支持农村电子商务龙头企业、物流配送企业、知名电子商务企业引进等工程。在税费方面，加大土地、税务、工商等方面的支持力度，对农村电子商务发展给予相关便利。对重点农产品制定规范准则，以规范农产品的生产质量、加工和包装，不断完善监管制度。

第二，培育引进人才，为产业发展提供技术支撑。大力培育本地人才，积极协调组织部、人社局、农业农村局、共青团、妇联等相关部门，以及电商企业，开展农村电商培训工作。积极引进外地人才，贯彻实施引进高层次创新创业人才的优惠政策，通过多渠道引进适合农村电子商务发展的优秀运营人才、技术人才、实战型人才和高端复合型人才。鼓励电商企业家返乡创业，带动更多的从业者发家致富。

第三，培育龙头企业，为产业发展提供示范作用。一方面大力引进外地优质电商服务企业，广泛宣传和切实落实招商引资方面的优惠政策，提高招商引资过程中的服务水平，以大企业的先进运营模式带动农村电子商务产业发展。另一方面重点培育有发展前景的本土企业，鼓励本地农村电子商务企业扩大规模，加快企业电子商务化进程，筛选出几家优秀农村电子商务企业，在政策、资金、人才等方面加大支持力度。此外，还要积极鼓励农民发展农村小微电商，选择那些受教育程度比较高、学习能力比较强、乐于接受新鲜事物的农民。通过技术培训和政策支持，发挥示范作用，从而不断扩大农村电子商务的参与人群及范围。

第四，完善物流体系，为产业发展提供配套服务。相比城市，农村电子商务市场还不太成熟，因此当前农村普遍存在着"最后一公里"物流配送难的问题，这个问题制约着农村电商发展。根据国家邮政局统计数据显示，2015年我国农村地区还有近一半的乡镇没有通快递，很多地区仍需用户通过长途自取，显然这些严重制约了农村网购的积极性，因此要加快物流基础设施建设。同时对于产品外输也要建立起冷链物流加工配送中心，对农副产品进行深加工和配送，提高产品的附加值和市场竞争力，扩大产品在全国的销售范围。总之，针对物流问题，就是要加快农村物流网络覆盖进度，鼓励物流公司向乡镇、农村延伸，在农村地区建立新的综合物流运输服务站，促进第三方物流企业发展壮大，同时大力鼓励基础设施完善、发展潜力巨大的物流企业到农村发展。

电商的发展带动了当地农产品走出大山，走向全国。例如，位于白石岩乡干水井村的电商综合服务中心是紫云电商精准扶贫示范点，也是紫云农产品标准化建设中红心红薯种植的溯源基地之一。红心红薯作为紫云"一县一业"的扶贫产业，它的产销承载着农民脱贫致富的希望。目前，全县农产品线上销售渠道已经全面搭建完成，紫云商城、京东紫云扶贫馆、淘宝紫云扶贫馆等线上渠道已开通运营。通过电商平台，让农民种出来的红薯增加一个销售渠道，使红薯走出了大山，间接带动了农民脱贫致富。

四、发展乡村旅游业

乡村旅游主要以休闲、娱乐、养生、体验传统文化等项目为主，近年来，乡村旅游业发展迅速，被大众逐渐认识和接受，并在很大程度上带动了当地经济的发展，给当地经济发展注入了新活力。在脱贫攻坚战中，合理开发和利用农村地区的旅游资源成为了脱贫工作的重要策略。创新乡村旅游业的发展，必须采用"互联网＋农村旅游"的模式，利用互联网平台宣传地域旅游特色，吸引全国各地的游客，提高乡村旅游知名度，从而带动当地经济文化发展，提高当地人民的生活水平。

"互联网＋"模式是促进中国经济发展的新生力量，乡村旅游产业与"互联网＋"模式相结合，打造"互联网＋农村旅游"服务推广平台，能有效带动地区经济发展。在这种新模式下，政府部门和村民要进行合作，带领村民学习先进技术和管理经验、掌握信息推广手段；培养乡村优秀领头人，协助开发乡村旅游资源，并通过网络设备展现给社会大众，提升乡村特色旅游知名度。推动乡村旅游业发展要注意以下几点：第一，坚持"引进来，走出去"。发展乡村旅游业，要积极借鉴国内外先进农村地区的经验与教训，要不断引进资金和先进技术，不断争取社会资源，推动本地旅游产业的进步发展。同时也要借助互联网平台，推广乡村旅游文化，大力宣传本地区的特色旅游资源，帮助特色手工产品及纪念品进入城市，吸引更多的城市人口到农村旅游。第二，明确乡村职责。发展乡村特色旅游业首先必须要全面考察、分析当地的旅游资源和地理环境状况，明确村庄和村民的角色设定和责任，以当地实际状况为基础来制定具体的执行任务，并根据旅游产业的发展变化进行实时调整，促进乡村旅游业达到最优发展。第三，打造乡村旅游网络营销平台。通过构建网络营销平台，提供在线浏览和预订服务，不仅可以宣传地区特色旅游品牌，让游客提前了解各种旅游项目，同时也可以简化旅游服务程序，提高效率，节省旅游项目的预订时间。乡村旅游产业采取线上线下结合营销模式，可拓宽旅游产品的销售渠道，多渠道宣传、推广地区旅游产业，加深农村与城市交流，最终促进乡村振兴。

发展乡村旅游产业是乡村产业振兴的重要途径，合理开发和利用乡村旅游资源是乡村产业振兴的重要手段。因此，在立足农村旅游开发实际情况的基础上，可以通过制定和实施多元化方案来开发利用本地区的旅游资源，不断优化乡村旅游产业的发展模式，最终提高农村地区的经济社会效益。与此同时，还应该坚持绿色发展的原则，提前考虑乡村旅游资源开发过程中的环境污染问题，避免破坏乡村生态环境，把乡村旅游产业做大做强。

在大众旅游时代下，乡村旅游市场需求旺盛、富民效果显著、发展潜力巨大。例如，甘南藏族自治州以"三变"改革为平台，探索乡村旅游发展新路径，探索"公司＋合作社＋农牧户"等经营模式，统筹整合发改、住建、旅游、农牧、林业等部门资源，大力推进乡村旅游产业发展，初步探索出了一条贫困地区旅游脱贫之路，涌现出了一批发展迅速、模式特色鲜明、带动效果显著的乡村旅游示范村。

五、创新乡村金融服务

近年来，随着我国经济的快速发展，农村地区的经济要素频繁流动，农村对金融服务的需求也在不断地增加。因此，创新乡村金融服务，促进社会主义新农村的建设迫在眉睫，应主要从以下三方面入手。

第一，通过主动研究市场，创造性地应用科技金融以及信息技术。推进"互联网＋农村金融"的发展，传统的金融服务模式是以城乡二元分离为基础的，这种模式带来的需求与供给矛盾已经积累多年，严重阻碍了农村经济的发展。传统农村向社会主义新农村的转型，应积极拓展网上服务渠道，逐步构建一个健全的微金融配套服务体系。结合当前农村的发展情况，各乡村农商行要积极与产业园区、农村电商、乡村特色产业等展开合作，进而有效地推动形成多产业相互融合发展的产业集群，更加精准地为乡村振兴战略的实施发挥有力的促进作用。

第二，要加强信息化的建设。主要是增加对农村的通信业的固定投资、光缆线的公里数等，提高农村居民的固定电话、手机和无线网络的使用率，促使农民的信息知识丰富化。

第三，信用合作实施金融扶贫。目前，农村地区促进金融发展的信誉合作已经有了一些成果，当地政府在借鉴扶贫互助社的创新经验后，十分支持农村合作社开展金融信用合作，同时还通过向贫困人口赠送股份的方式，使他们在合作社中拥有一定额度的股权，帮助他们在获得贷款的同时提高收入。除此之外，合作社在为贫困户发放贷款时，可以建立贫困社员优先的帮扶制度，从而真正做到为人民服务。

作为国家农村金融改革试点，广西壮族自治区田东县自2008年以来不断推进农村金融改革，引导金融机构把金融血液"引流"到产业肌体，有力地支持了特色农业的发展，并为乡村振兴注入了新活力。中平村村民正是巧用了这一股金融"活水"，才走上了脱贫致富之路。田东县于2012年在全县162个行政村实行"农金村办"，整合利用村级行政资源，建立村级"'三农'金融服务室"，推动农村信用建设，发展农村支付，把金融服务向村一级延伸。同时将金融知识宣传、信用信息采集、贷款调查、还款催收、保险业务办理、银账支付等服务前置到村一级，有效地解决了金融机构人手少、工作面广量大的问题，极大地减少了金融机构的工作成本，有效地解决了金融机构与农户间信息不对称、农民贷款难、农村支付难的问题，实现了农村金融服务"接地气"。

六、发展乡村新型服务业

发展乡村新兴服务产业是破解农村"空心化"、繁荣农村经济、合理利用农村生态资源、改善村民生活品质的基本路径。各地党委和政府要高度重视、认真学习习近平新时代中国特色社会主义思想，贯彻实施好党中央有关"三农"工作的决策，真抓实干，促进乡村新型服务业繁荣发展。要运用互联网思维，把乡村纳入物联网中来，让快递业、销售业真正惠及到村、惠及到千家万户，在家就能享受网络带来的各项便利服务。深入推进"互联网＋农业"模式，不断推进电商产业进农村做示范，通过互联网向城市地区推广宣传农产品。同时，政府还要引领人们不断发掘本地区的资源要素和文化优势，发展满足城市和农村人民需要的休闲旅游、餐饮民宿、文化体验、健康养生、养老服务等产业，真正把乡村打造成为城市人和农村人都热爱的新家庭、新场所，做大做强本地区的服务业。创造特色品牌，树立良好形象，让口碑代代相传，真正促进人民群众增加收入、发家致富。除此之外，还要完善乡村地区基础设施建设，改善生态、交通、信息、物流、安全等公共服务设施，真正让人民群众感到生活质量在提高，生活方式在创新。只有真正助推乡村新型服务业向上向好发展，才能让人民群众生活得更加舒适。

越是贫困的乡村，新型服务业越是匮乏，而新型服务业的匮乏，又会制约乡村产业发展，影响脱贫成效。比如，随着扶贫工作的推进，很多贫困村完善了水、电、路、网等基础设施，开发了一些特色产业，但随之也出现了销路不畅、产品卖不出去等问题。出现这样的问题，与农产品供销服务匮乏、农业市场信息服务体系不完善有很大关系。在此情况下，大力发展当下农村急需的新型服务业，对推动农村脱贫、增加农民收入具有重大意义。结合脱贫攻坚发展乡村新型服务业，一是用好、用活、用足国家政策。党中央先后出台了一系列政策措施，要求坚持农业农村优先发展，加快推进农业农村现代化。各地区要抓住机遇，大力推进有关政策措施的贯彻落实，加快完善农村服务体系，发展乡村新型服务业，让好的政策真正惠及农民。二是充分利用社会资源。目前，电商扶贫如雨后春笋快速发展，比如顺丰、韵达、圆通等快递企业，京东、拼多多等电商企业也都参与其中，全国各地涌现出不少电商和扶贫完美结合的案例，助力脱贫成效显著。与此同时，我们还要学习借鉴国内先进经验，重视贫困村与成熟电商平台的直接对接，发展电商等新兴服务业，进一步拓展农产品市场和销路。三是积极构建乡村自己的电商平台。普及推广"淘宝村"、电商带头人的成功做法和典型经验，让农民在参与新型服务业的发展过程中既得到生产环节的收益，又获得流通、销售环节的利润，不断提升农民的创收能力。

七、支持返乡入乡创业

乡村振兴的核心是人，因此如何引进人才和留住人才是乡村振兴的关键。《中共中央 国务院关于实施乡村振兴战略的意见》为如何有效实施乡村振兴指明了前进的方向和道路。该意见指出，人才在乡村振兴中发挥着巨大的作用，乡村要发展首先就要把人力资本放在首位，吸引各类人才主动回乡入乡，在广大的农村大展才华，打造一支强大的乡村人才队伍。要构建和培育乡村振兴的人才体系，首先要加强农村本土人才的培养，即培育大批新型懂技术、用技术的新型职业农民；其次要加强农村专业人才的建设，实施农村实用人才培训工程，并充分发挥职业教育的优势。除此之外，还要借助高校人才、科员人员等，给农村带去现代化的技术，使优秀人才为农业农村的发展服务。

乡村地区由于各方面条件的制约，仅仅依靠现有人力资源无法满足其自身的发展。因此，急需引进一批爱农业、懂技术、善经营的人才，同时还需要将引进来的人才用起来，让人才有事可做。根据当地的特色和需要，可以围绕自身产业的发展，需要什么样的才人就引进什么样的人才，对口引进人才，共同推动乡村产业的发展。但基于当前的农村现状，想从现有的人力资源中选拔人才来进行培训，会耗费大量时间和精力，而且难度非常大，因此需要从城市引进人才。

农村引进人才主要有以下几个途径，一是从农村走出去的大学生，怀有故土情怀，对农村更了解，他们知识更加丰富，而且学习能力也强，可以在乡自主创业并通过网络销售等途径带领农村致富。二是农业相关领域的人才引进，包括农业技术、农村发展、农村旅游、市场营销等人才，给他们提供广大农村空间施展拳脚。早在 20 世纪五六十年代，毛泽东就说过"农村是一个广阔的天地，到那里是可以大有作为的"，在这句话的引导下，大量知识青年带着满腔热血投入到农村建设中，施展抱负。而今天同样需要政府的支持，在各地区结合自身具体情况的基础上，出台更多鼓励农村创业、支持现代农业发展的政策。提高农村生活水平，改善农村环境面貌，推进新农村建设，逐步缩小城乡差距，促进人才自愿留在乡村。

乡村振兴是一个整体的规划，目光不仅要着眼于现在，更要面向未来，立足当地实际，结合当地特色。同时，要实现产业强、环境美、文化活、收入高、幸福长，还需要高质量人才的大力支撑，因此实现农村现代化建设，就要吸引人才、留住人才、用好人才，凝聚人才力量，共同推进新农村建设。

产业兴旺是乡村振兴工作的重中之重。党中央指出，促进乡村产业振兴与发展，就要以现代农业的发展为中心，坚持乡村三产深度融合发展，打造健全的乡村产业体系，实现产业兴旺，这明确指出了乡村产业振兴发展的目标与方向。当前，鼓励创新创业升级已成为乡村产业发展的新动能，因此要坚持以科学技术为引领，创新创业为支撑，依靠科技创新夯实贫困人口的物质基础；积极培养优秀本土人才，支持外出人才回到家乡创业，鼓励大学生村官投身、扎根基层；把更多城市人才引向乡村创新创业。新时代大众创业、万众创新正在向乡村延伸拓展，科技引领创新，推进农村创新创业已成为增强乡村产业发展新动能。

科学技术是第一生产力，在我国农业发展中的地位和作用十分重要，在扶贫攻坚中也同样重要，科技扶贫工作投入时间长、见效慢，因此贵在坚持。科技扶贫具有"输血"的功能，可以阻断和治疗"等、靠、要"这种贫困病，使贫困地区从依赖土地和劳动力为主的"资源依存型"向"技术依存型"转变。新时期，科技扶贫工作的重点也将从以解决温饱为主转变为以改善生态环境、助力产业发展、推动创新创业和提高可持续发展能力等为主。创新是引领发展的第一动力，在乡村产业振兴的过程中，应将科技与创新相结合，在科学技术的指导下，结合当地资源状况，因地制宜实现发展。农村地区创业创新要与脱贫攻坚工作紧密结合，要真正地带动贫困地区人民提高收入、发家致富，同时积极支持返乡下乡人员创业创新，突出重点地域和发展方向，在促进农村一二三产业融合、加强培养创业创新主体、创建农村创业创新基地等方面着力，最终帮助贫困地区人民不用背井离乡就能迎来美好生活。

第七章

第七章

优化乡村产业发展环境

第一节　优化乡村产业发展环境的社会背景

自党的十九大召开以来，习近平总书记多次在重要会议和报告中强调，实施乡村振兴战略，必须坚持农业农村优先发展这个总方针；同时强调乡村振兴重在产业兴旺。随着乡村振兴战略的实施，人们越来越重视乡村产业兴旺对农村农业发展的重要推动作用。乡村产业方兴未艾，具有巨大的发展潜力与发展空间。但同时，乡村产业发展也面临诸多问题，急需政策措施的引导与扶持，为乡村产业提供适宜的发展环境。

一、当前乡村产业发展面临的环境制约

目前，我国乡村产业发展主要面临以下问题：第一，乡村产业发展缺少与之相匹配的人才，既缺少电子商务、金融等专业人才，也缺少契合本地产业发展的本土人才；第二，乡村产业发展缺少资金，"资金投入机制尚未建立、金融服务明显不足、农村资源变资产的渠道尚未打通"，这些都不利于乡村产业资金的聚集与使用；第三，乡村新产业的用地需求难以满足，乡村土地利用效率低。①

二、当前乡村产业发展面临规范性挑战

"人、地、钱"难题对乡村产业发展形成强大制约，而完善相关政策措施能为乡村产业发展提供良好的政策环境和社会发展氛围，进而促进乡

---

① 朱晓娟、姜文来：《乡村产业振兴面临的挑战及其对策》，《经济日报》2019 年 8 月 29 日。

村产业的发展壮大。对于仍未发展产业的乡村，应以政策为指引，营造利于乡村产业发展的氛围，因地制宜发展本村产业，为乡村产业发展提供方向与对策；对于已经发展产业的乡村，应以政策为规范，促进乡村产业的规范化发展；对于缺乏"人、地、钱"等资源的乡村产业，应以政策为保障，为乡村产业的发展提供有力后盾和催化剂。目前，虽然国家大力支持乡村振兴，鼓励乡村产业的发展，但是，由于其发展正处于初级阶段，相关政策仍不完善、不健全，难以满足产业发展的需求。因此，需要完善相关乡村产业发展的政策措施，让更多资源在政策驱动下向乡村流动，为乡村产业发展营造优质的、有竞争力的环境。

三、乡村产业振兴的政策依托

新时代，实施乡村振兴战略需要抓好"人、地、财"三个关键，[①] 作为乡村振兴战略要求之一的"产业兴旺"亦需要聚集"人、地、财"三要素，为乡村产业发展注入活力。因此，需要完善"人、地、财"三方面政策措施，为乡村产业兴旺提供高质量发展环境。2019 年 6 月 28 日，国务院发布《关于促进乡村产业振兴的指导意见》，提出"完善政策措施，优化乡村产业发展环境"，并从五个方面进行了指导，即健全财政投入机制、创新乡村金融服务、有序引导工商资本下乡、完善用地保障政策、健全人才保障机制。该意见正是从"人、地、财"三要素出发，提出财政、金融、工商资本、用地、人才五方面政策措施，一方面为乡村产业发展提供指引与规范，另一方面为乡村产业发展提供支持与保障，两方面结合，共同优化乡村产业发展环境。本章将从这五方面探讨优化乡村产业发展环境的政策措施。

---

① 叶兴庆：《新时代中国乡村振兴战略论纲》，《改革》2018 年第 1 期。

第二节　健全财政投入机制

　　实施乡村振兴战略是当前和今后一个时期"三农"工作的总抓手，是新时代全面打赢脱贫攻坚战和实现全面建设小康社会的必然要求。产业兴则百业兴，推动乡村产业发展是实施乡村振兴战略的重要前提和必然要求。乡村产业的发展离不开资金的支持，而资金又一直是制约乡村产业发展的短板。因此，要保证产业兴旺，首先，要加强一般公共预算投入保障，提高土地出让收入用于农业农村的比例，支持乡村产业振兴；其次，拓宽资金筹集渠道，发挥财政引领作用；再次，鼓励有条件的地方按市场化方式设立乡村产业发展基金，重点用于乡村产业技术创新；最后，鼓励地方按规定对吸纳贫困家庭劳动力、农村残疾人就业的农业企业给予相关补贴，落实相关税收优惠政策。

一、加强公共预算投入保障

　　乡村振兴离不开真金白银的投入，2019 年《国务院关于促进乡村产业振兴的指导意见》提出，加强一般公共预算投入保障，提高土地出让收入用于农业农村的比例，支持乡村产业振兴。新增耕地指标和城乡建设用地增减挂钩节余指标跨省域调剂收益，全部用于巩固脱贫攻坚成果和支持乡村振兴。

　　为了更好地支持乡村产业发展，各级政府要多举措完善乡村产业振兴投入保障机制。首先，要将涉及乡村产业振兴发展的资金投入作为财政编制预算的重要内容，确保财政投入和乡村产业振兴目标任务相适应。其次，转移支付倾斜"三农"发展，聚焦重点区域财力保障，促进城乡一体化发展。财政转移支付重点向纯农地区、生态保护区域、财力困难区域倾斜，同时进一步加大对教育、医疗卫生、社会保障、公共安全和"三农"等重要民生领域的转移支付力度。最后，涉农资金体现"统筹整合"，采用"大专项＋任务清单"管理机制，着力推进部门内涉农资金源头整合，优化完善政策体系；着力完善部门间涉农资金统筹机制，积极搭建涉农资金统筹整合平台。

在公共资金支持乡村产业振兴方面，湖北省宜昌市的经验值得学习。2016—2019年，湖北省宜昌市建设"美丽乡村"109个（其中试点89村，提档升级20村），财政部门直接投资3亿多元，整合项目资金15亿多元，带动企业、农民、社会等市场主体投资超过30多亿元，支持全市农村实施"消危减土"[①]三年行动计划，带动了相关产业的发展。支持城乡一体化建设。2019年，从农业专项资金中安排500万元，支持"三乡"工程及城市一体化建设，吸引人才返乡创业，鼓励社会资本到农村投资兴业，促进农民就业增收。

二、设立乡村产业发展基金

实现乡村产业振兴，需要社会各界共同努力，要鼓励有条件的地方按市场化方式设立乡村产业发展基金，重点用于乡村产业技术创新，为乡村产业振兴提供资金保障。首先，政府要为优质农业产业项目提供扶贫贴息贷款，以促进社会资本在农村的投资发展。其次，要建立对农业产业的扶持奖励资金，对发展前景好、有潜力、带动能力强的项目或者负责人进行引导和资金奖励。再次，要严格筛选有潜力、成长前景好的农业企业和项目

---

① "消危减土"：消灭农村危房，减少土坯房，改善农村困难群众的居住条件，打好脱贫攻坚战，助力乡村振兴。

进行投资入股，加强政企合作，共同发展。最后，要与当地的担保公司和保险公司建立良好的合作关系，为农业产业的发展提供融资担保和保险服务。

在设立乡村产业发展基金方面，海南省提供了范例。为解决乡村振兴战略实施过程中资金缺乏的问题，2018 年海南省农业厅与凯利易方资本管理有限公司联手设立"海南省乡村振兴发展基金"。[①] 该基金首期资金规模不低于 100 亿元，总规模达 1000 亿元，有效破解了海南省实施乡村振兴战略过程中资金缺乏的难题。该项基金投资范围主要涵盖五大方面：一是以乡村振兴为核心目标的美丽乡村、精准扶贫、共享农庄等项目；二是海南农业名优产品产业链打造，尤其是鸡鸭羊蟹四大品牌及热带农业品牌的规模化养种植和深加工；三是海南生态循环农业及绿色农业发展项目，包括农业面源污染治理与生态环境建设；四是农产品深加工及农产品交易所、冷链物流服务设施、农民培训学校等项目；五是其他中央和海南省政府鼓励发展的"新三农"产业项目等。该基金的设立极大地促进了乡村产业的发展，是值得借鉴和学习的。

三、落实相关税收优惠政策

为了更好地贯彻落实打赢脱贫攻坚战三年行动的部署安排，政府鼓励地方按规定对吸纳贫困家庭劳动力、农村残疾人就业的农业企业给予相关补贴，落实相关税收优惠政策。2018 年，人社部、财政部联合印发《关于进一步加大就业扶贫政策支持力度着力提高劳务组织化程度的通知》（以下简称《通知》），《通知》提出，对企业、农民专业合作社等各类用人

---

① 《海南省农业厅联手企业设立"海南省乡村振兴发展基金"》，2018 年 7 月 24 日，见 http://www.hi.chinanews.com/hnnew/2018-07-24/467828.html。

单位吸纳贫困劳动力就业并开展以工代训的，给予职业培训补贴；对企业吸纳贫困劳动力就业的，给予社会保险补贴、创业担保贷款及贴息，对其中吸纳就业成效好的就业扶贫基地，给予一次性资金奖补；对有创业意愿并有一定创业条件的贫困劳动力，及时开展创业培训，落实税费减免、资金补贴等政策；针对不同情况，还有一次性创业补贴及创业孵化基地奖补政策等。

为了更好地打赢脱贫攻坚战，2018年宁夏回族自治区人民政府办公室转发自治区人力资源社会保障厅财政厅扶贫办《关于进一步推进就业扶贫工作若干意见》，主要内容包括：一是增加了给予建档立卡贫困人口外出转移就业交通补贴的政策，对外出务工稳定在1年以上并签订劳动合同、缴纳各项社会保险的建档立卡贫困劳动力，每人每年可享受一次性交通补贴。区内跨县（市）就业的每人每年给予200元交通补贴；跨省（区）就业的每人每年给予800元交通补贴。二是制定了鼓励各地搭建就业扶贫载体帮助农村留守妇女居家就业或灵活就业的措施，对吸纳建档立卡贫困户稳定就业在1年以上并签订劳动合同、缴纳各项社会保险的，按照吸纳人数给予扶贫载体一次性资金补贴：吸纳11—20人的补贴2万元，吸纳21—30人的补贴3万元，吸纳31—100人的补贴6万元，吸纳100人以上的补贴10万元。三是加大对劳务组织建档立卡贫困人员转移就业的支持力度，各地对带动就业成绩突出的劳务中介组织、劳务经纪人、驻外劳务管理工作机构适时进行表彰奖励。四是鼓励有创业能力和创业意愿的建档立卡贫困劳动力自主创业，探索"扶贫小额信贷 + 创业担保贷款"模式，并对其进行免费创业培训和创业指导。五是将部分工种纳入建档立卡贫困户劳动力专项职业能力考试。六是对建档立卡贫困劳动力就业开展全方位的公共就业服务，对在城镇常住并处于无业状态6个月以上的，可在城镇常住地进行失业登记，享受各项就业创业优惠政策。[①] 以上针对农村贫困人口、残疾人员的创业就业补贴及相关税收优惠政策是值得肯定与学习的，这些政策一方面解决了农村贫困人口、残疾人员的就业问题，提高了他们的收入，巩固了脱贫成效；另一方面为企业提供了劳动力，使企业获得税收优惠，促进了乡村企业数量的增长与规模化发展。这些优惠政策促进了脱贫攻坚与乡村振兴的有效衔接，共同助力乡村产业振兴。

第三节　创新乡村金融服务

无论是乡村特色产业的发展，还是农村基础设施项目的建设，都离不开大量资金的支持。金融是乡村振兴战略实施过程中必不可少的一个助力，可以为乡村振兴提供充足的建设资金，让乡村的建设与中国的主流建设接轨。另外，金融机构所提供的金融服务还可以促使乡村经济成长。要创新乡村金融服务，首先，要引导县域金融机构将吸收的存款主要用于当地，重点支持乡村产业；其次，要鼓励地方政府发行专项债券，规范地方政府举债融资行为；最后，要支持符合条件的农业企业上市融资。

一、引导金融机构将存款用于当地

金融是现代经济的核心，是经济运行的血脉，要促进乡村产业发展，离不开金融机构的大力支持。为了鼓励县域法人金融机构将新增存款主要用于当地贷款，加大县域信贷资金投入，进一步改善农村金融服务，2010

---

① 自治区人力资源社会保障厅、财政厅、扶贫办：《关于进一步推进就业扶贫工作若干意见》，2018 年 6 月 11 日，见 http://www.nx.gov.cn/zwgk/gfxwj/201807/t20180717_9118 94.html。

年中国人民银行、银监会联合印发《关于鼓励县域法人金融机构将新增存款一定比例用于当地贷款的考核办法（试行）》，其规定，县域法人金融机构中可贷资金与当地贷款同时增加且年度新增当地贷款占年度新增可贷资金比例大于70%（含）的，或可贷资金减少而当地贷款增加的，考核为达标县域法人金融机构。[①]

为了更好地引导县域金融机构将吸收的存款主要用于当地，重点支持乡村产业，首先，要采取早调查、早计划、早筹措、早评定、早投放的措施。[②] 提前调查农民的资金需求，力求走在季节的前面；提前考虑计划安排，比如，年底时考虑明年的计划、当季考虑下一个季度的计划等；做好资金的筹措和专项资金的支出，留足扶贫专项信贷资金，保证扶持到位；简化有贷款需求的贫困户的贷款手续，尽早对其进行资信评定；要对各项扶贫资金做到尽早投放，不耽误农时。其次，要合理确定贷款的期限，促使生产周期与贷款期限相吻合。最后，要建设"阳光工程"，进一步提高扶贫资金的服务水平，更好地服务"三农"工作。[③]

二、鼓励地方政府发行专项债券

2017年4月，财政部、发展改革委司法部、人民银行、银监会、证监会印发了《关于进一步规范地方政府举债融资行为的通知》，要求各级政府要全面组织开展地方政府融资担保清理整改工作，切实加强融资平台公司融资管理，规范政府与社会资本方的合作行为，进一步健全规范地

---

① 中国人民银行、中国银行业监督管理委员会：《关于鼓励县域法人金融机构将新增存款一定比例用于当地贷款的考核办法（试行）》，2010年9月28日，见 http://www.cbrc.gov.cn/chinese/home/docView/201009289C61D853EBC71E64FF8810A87F7DB000.html。

② 植凤寅：《如何促进县域金融机构新吸收存款主要用于当地》，《中国金融》2009年第10期。

③ 同上。

方政府举债融资机制，建立跨部门联合监测和防控机制，同时要大力推进信息公开工作；与此同时，各地区要充分认识规范地方政府举债融资行为的重要性，把防范风险放在更加重要的位置，进一步健全制度和机制，自觉维护总体国家安全，牢牢守住不发生区域性系统性风险的底线。规范了地方政府举债融资的行为，规定任何个人和机构都不得借乡村振兴之名违法违规变相举债。

为更好地规范地方政府的举债融资行为，2019 年 6 月，中共中央办公厅、国务院办公厅《关于做好地方政府专项债券发行及项目配套融资工作的通知》[①] 中指出："按照坚定、可控、有序、适度要求，进一步健全地方政府举债融资机制，推进专项债券管理改革，在较大幅度增加专项债券规模基础上，加强宏观政策协调配合，保持市场流动合理充裕，做好专项债券发行及项目配套融资工作，促进经济运行在合理区间。""发挥专项债券带动作用和金融机构市场化融资优势，依法合规推进专项债券支持的重大项目建设。"通过鼓励地方政府发行项目融资和收益自平衡的专项债券，支持符合条件、有一定收益的乡村公益性项目建设，可以更好地促进乡村经济发展，完善乡村的基础设施建设，推动乡村振兴战略实施。

三、支持符合条件的农业企业上市融资

2014 年，中央一号文件[②] 指出："支持符合条件的农业企业在主板、创业板发行上市，督促上市农业企业改善治理结构，引导暂不具备上市条

---

① 中共中央办公厅、国务院办公厅：《关于做好地方政府专项债券发行及项目配套融资工作的通知》，2019 年 6 月 10 日，见 http://www.gov.cn/zhengce/2019-06/10/content_5398949.htm。

② 中共中央办公厅、国务院办公厅：《关于全面深化农村改革加快推进农业现代化的若干意见》，2014 年 1 月 19 日，见 http://www.gov.cn/jrzg/2014-01/19/content_2570454.htm。

件的高成长性、创新型农业企业到全国中小企股份转让系统进行股权公开挂牌与转让，推动证券期货经营机构开发适合'三农'的个性化产品。"

支持符合条件的农业企业上市融资，对于拉动地区经济增长、带动劳动力就业等有着十分重要的意义。要解决好农业企业上市融资的问题，首先，要增强农业企业自身的实力，鼓励农业企业采用现代化的组织管理模式，提高企业的管理水平，重视企业的资金使用效率。其次，要加大政府的扶持力度，包括资金支持、政策引导等。财政资金是有限的，不可能对所有的企业都进行帮扶，因此，资金扶持的对象是有选择性的，在扶持龙头企业的同时，对于对周边农业发展起带动作用的企业、具有特色的农业企业等应该加大政策扶持力度，相应减免税收；同时，政府还应该对农业企业的融资进行引导，改善农业企业的融资环境，规范农业企业的融资流程，降低融资成本。再次，要发挥金融机构的重要作用。要了解"三农"的金融服务需求，特别是具有带动能力的龙头企业的金融需求，加大金融创新力度，加大金融机构贷款的投放力度，不断改善金融服务。最后，培养有条件的农业企业上市融资。通过上市，农业企业可以更加广泛地吸收社会的闲置资本，同时满足农业龙头企业大规模融资的需要。另外，农业企业上市，不仅可以提升企业的实力和信誉，还有利于企业的品牌建设，有利于提高企业的知名度。

第四节　有序引导工商资本下乡

有序引导工商资本下乡，是实施乡村产业振兴的重要手段。一方面，工商企业等社会资本具有资金、经验管理和销售渠道等先天优势，对工商资本进行合理的引导和扶持，有利于推进现代农业产业的发展。另一方面，工商资本下乡，可以促进当地经济的发展，就近吸纳农村富余劳动力，增加农民收入。有序引导工商资本下乡，首先，要坚持互惠互利，优化营商环境，引导工商资本到乡村投资兴办农民参与度高、受益面广的乡村产业，支持发展适合规模化集约化经营的种养业；其次，要支持企业到贫困地区吸纳农民就业、开展职业培训；最后，要引导工商资本依法依规开发利用农业农村资源。

一、引导工商资本到乡村投资

工商资本是推动乡村产业振兴的重要力量。通过引导工商资本下乡共同参与乡村振兴，激发工商资本投资农业农村的热情，可以带动人力、财力、物力以及先进技术、理念、管理等进入农业、农村，进而推动产业发展，提高农民收入。要坚持互惠互利的原则，优化营商环境，引导工商资本因地制宜投资兴办农民参与度高、受益面广的乡村产业。

例如，湖北三座山饮品有限公司是英山县政府重点招商引资项目，是国家矿产资源开发资产收益扶贫改革试点企业之一。2017 年 4 月一期工程正式投产后可直接安置 50 人就业；二期计划开发茶饮料和网上认购茶园项目，已流转三门河村集体 400 亩茶园。湖北三座山饮品有限公司探索建立集体股权参与项目分红的资产收益扶贫长效机制，已与征地范围内的村民建立扶贫帮困关系。杨柳湾镇三门河村以项目范围内的全部集体土地作价入股，并以村委会为单位设置集体股权。在收益分配方面，按三门河村集体经济组织成员土地作价入股比例，每年不低于项目总利润的 10% 进行收益分配，其中建档立卡的贫困户享有优先分配的权益。另外，按照国家精准扶贫项目政策，在企业经济效益不佳的情况下，采取"兜底式分红"，即按集体经济组织成员作价入股的土地面积每亩每年不低于 700 元进行分红。通过有序引导工商资本到乡村投资，湖北三座山饮品有限公司发挥企业优势，在杨柳湾镇三门河村建立乡村产业，吸纳村民就业，提高了该村贫困人口收入，让该村走上了可持续的产业发展道路。

二、支持企业到贫困地区吸纳农民就业

实现乡村产业发展，最主要的还是要以人民为中心，把产业发展落实到促进农民增收上来。随着社会经济的不断发展，城乡之间的发展差距不断加大，越来越多的农村青壮年劳动力向东部沿海城市转移，导致乡村"空心化"现象的出现。要实现乡村振兴，还是要以乡村为依托，因地制宜发展乡村特色产业，支持企业到贫困地区和其他经济欠发达地区，吸纳农民就业、开展职业培训和就业服务等，增强贫困户的职业技能，进一步巩固脱贫攻坚的成果。

自 2013 年以来，湖北省蕲春县打特色牌，走特色路，提出"打造中国健康产业发展示范县"。一是把蕲艾产业作为大健康产业发展的突破口，做到领导向蕲艾产业集中、要素向蕲艾产业倾斜、政策向蕲艾产业聚集。蕲州镇红门楼村近万亩的蕲艾园、赤东蕲艾种植基地和张榜蕲艾种植基地，已投资近亿元，成为全国闻名的蕲艾种植主产区。二是发挥品牌辐射效应。围绕"百亿产业、百年企业"目标，把蕲艾加工作为转型发展的增长极，实现了"蕲艾""李时珍""本草纲目"三个品牌强强联合发展。三是蕲艾企业井喷式发展。为了让蕲艾企业向规模化、标准化发展，促进产业提档升级，蕲艾企业纷纷加大投资，加强基础设施建设，扩大生产规模，形成完整的种植、收储、加工、研发、养生服务、电商、物流、培训产业链，艾灸养生风生水起。①

---

① 吴笙铭：《中国艾都：蕲艾将再次吸引世界目光》，2019 年 4 月 15 日，见 http://www.qichun.gov.cn/2743061/8711757.html。

蕲艾产业运用"五个一批"带动全县 7321 户、18303 人脱贫增收，为贫困户增加收入 4597 万元，户均增收 6279 元。蕲艾产业已形成种植、采收、加工、销售、应用等全产业链，在产业链的每一个环节上，农户都可以参与进来。

蕲艾企业李时珍医药集团总结了开展扶贫工作的三条经验：第一，通过"政府 + 企业 + 金融 + 合作社 + 贫困户"五位一体模式，形成五方利益共同链。第二，实施"3535"扶贫工程。集团依托政府提供的"3 金"政策（大别山产业发展基金、县域经济调度资金、产业扶贫贴息贷款），为签约合作社及贫困户提供"5 种支持"（资金支持、种植支持、技术支持、保障支持、就业支持）。第三，通过合作社为入社贫困户提供"3 金"保障，即参与基地务工薪金、土地流转租金、入股分红股金，保证贫困户年均增收 5000 元以上，确保所帮扶的贫困户按期脱贫。

三、引导工商资本依法依规开发利用农业农村资源

长期以来，我国采用传统的农业生产方式，盲目开发利用自然资源，导致我国农村的生态环境遭到了严重破坏，加上资源有限，保护力度不够，导致我国农村生态环境十分脆弱。现在，我国可用耕地的面积不断减少，水土流失、土地荒漠化严重，生态环境的破坏限制了农村经济的发展。

2019 年 6 月，《国务院关于促进乡村产业振兴的指导意见》指出，要有序引导工商资本下乡，支持企业到贫困地区和其他经济欠发达地区吸纳农民就业、开展职业培训和就业服务等。工商资本进入乡村，要依法依规开发利用农业农村资源，不得违规占用耕地从事非农产业，不能侵害农民财产权益。习近平总书记提出，绿水青山就是金山银山。我们不能照搬西方发达国家的发展经验，走"先污染、后治理"的老路，应

该坚持绿色发展的理念，走可持续的发展之路。因此，在促进乡村产业发展、引导工商资本下乡的过程中，不应该一味地追求经济的发展，而以破坏农村的生态环境为代价，要坚守生态"红线"不动摇，实现乡村经济又好又快的发展。

第五节　完善用地保障政策

要实现乡村的产业振兴，必须解决农民的土地问题，完善用地保障政策。首先，要加大对乡村产业发展用地的政策倾斜；其次，推动制定相关的法律法规，完善配套设施，增加乡村产业用地的供给；同时，要有序开展县域土地整治，多渠道保障农村产业振兴的发展。

一、加大对乡村产业发展用地的支持力度

城市发展起步早，基础设施以及公共服务等较为成熟，而农村地区的发展则相对落后，尤其在农村的基础设施、公共服务等方面。随着城市经济的不断发展，越来越多的人涌入城市，虽然房租、土地、交通、劳动力等成本不断上升，但是由于其交通的便捷、基础设施的完备以及广阔的市场，众多的企业仍然选择在城市选址建厂。与城市相比，农村不仅缺乏完善的公共服务体系，基础设施条件也相对较差，对企业的吸引力较小。因此，要想实现乡村的产业振兴，就要在制订土地年度使用计划时，加大对乡村产业用地的支持力度，对乡村产业用地给予政策上的支持和补贴。县政府要积极开展招商引资，利用土地政策上的优势吸引大量优秀的、有潜力的企业入乡建厂，进而拉动当地的劳动力就业和经济发展。

2019 年 6 月，《自然资源部办公厅关于加强村庄规划促进乡村振兴的通知》[①]明确提出，允许村庄规划在不改变县级国土空间规划主要控制指标情况下，优化调整村庄各类用地布局。同时，各地可在乡镇国土空间规划和村庄规划中预留不超过 5% 的建设用地机动指标，村民居住、农村公共公益设施、零星分散的乡村文旅设施及农村新产业新业态等用地可申请使用，对一时难以明确具体用途的建设用地，可暂不明确规划用地性质。2019 年 12 月 20 日至 21 日，中央农村工作会议在北京召开，会议强调，要加大对"三农"投入力度，完善乡村产业发展用地政策。[②]

二、增加乡村产业用地供给

为了完善乡村用地供给的法律法规，2015 年 1 月，中共中央办公厅和国务院办公厅印发了《关于农村土地征收、集体经营性建设用地入市、宅基地制度改革试点工作的意见》[③]中提出，建立农村集体经营性建设用地入市制度，针对农村集体经营性建设用地权能不完整，不能同等入市、同权同价和交易规则亟待健全等问题，要完善农村集体经营性建设用地产权制度，赋予农村集体经营性建设用地出让、租赁、入股权能；明确农村集体经营性建设用地入市范围和途径；建立健全市场交易规则和服务监管制度。该意见出台，标志着我国农村土地制度改革进入试点阶段，扩大了国有土地有偿使用的范围，缩小了征地范围，规范了征地程序，完善了被征地农民的保障机制，合理提高了个人收益。

---

① 《自然资源部办公厅关于加强村庄规划促进乡村振兴的通知》，2019 年 6 月 8 日，见 http://www.gov.cn/xinwen/2019-06/08/content_5398408.htm。

② 《中央农村工作会议在京召开　习近平对做好"三农"工作作出重要指示》，2019 年 12 月 21 日，见 http://www.xinhuanet.com/。

③ 中共中央办公厅、国务院办公厅：《关于农村土地征收、集体经营性建设用地入市、宅基地制度改革试点工作的意见》，2014 年 12 月 2 日。

2018 年，中共中央、国务院关于印发《乡村振兴战略规划（2018—2022 年）的通知》提出，在符合规划和用途管制前提下，赋予农村集体经营性建设用地出让、租赁、入股权能，明确入市范围和途径，增加乡村产业用地供给。针对农村所处的相对劣势，要实现乡村产业发展，就应该推动制定相关的法律法规，坚持农业农村优先发展，完善相应的配套设施，引导企业在乡村投资建厂。进一步明确了乡村产业用地供给的范围和途径，使得乡村土地供给朝着更加规范化、制度化的方向发展。

三、有序开展县域乡村土地综合整治

土地是乡村中非常重要的资源，也是经济发展必不可少的资源之一。但是，乡村土地改革的滞后，已经成为制约乡村经济发展、农民增收以及农业现代化发展的重要因素。2016 年 10 月 30 日，中共中央办公厅、国务院办公厅印发《关于完善农村土地所有权承包权经营权分置办法的意见》[①]，将土地承包经营权分为承包权和经营权，实行所有权、承包权、经营权"三权分置"并行的制度安排。该意见实施以后，改变了乡村土地制度的混乱情境，是继家庭联产承包责任制之后农村的又一大制度创新，改变了农村了基本面貌，促进了土地的合理利用，提高了农民的收入，维护了农民的权益，极大地推进了乡村振兴的发展。

随着我国经济的不断发展，城市化水平的不断提高，许多地方出现了乡村闲置集体建设用地、闲置宅基地、村庄空闲地、厂矿废弃地、道路改线废弃地、农业生产与村庄建设复合用地及"四荒地"（荒山、荒沟、荒丘、荒滩）等，导致了大量土地资源被浪费，也极大地限制了乡村产业的

---

① 中共中央办公厅、国务院办公厅：《关于完善农村土地所有权承包权经营权分置办法的意见》，2016 年 10 月 30 日，见 http://www.gov.cn/xinwen/2016-10/30/content_5126200.htm。

发展。因此，要集中力量对这些被闲置的用地进行综合整治，首先就是要完善农村土地的"三权分置"制度，加强对新增建设用地的保障，将一部分年度新增建设用地的指标用于支持农村新产业新业态发展①；同时，探索和完善农民的宅基地制度改革，将农民的宅基地所有权、资格权和使用权归村民集体所有，提高宅基地的利用效率，避免土地资源的闲置和浪费，进一步促进乡村产业振兴的发展。②

四、完善设施农业用地管理办法

随着农业现代化进程加快，传统农业向现代农业转变，农村土地流转加快，农业规模化经营扩大，新建农业设施越来越多，占地量越来越大，由此导致了一些问题的存在。比如，各地有关部门对设施农业一般不立项，承包土地流转中转入方直接与村里协商，相关管理部门很少介入用地管理；按规定应实行用地审批的，也很少按规定操作，导致设施农用地实际处于自发状态，借设施农业名义违法占地用地案件频发，农民土地权益时常受到损害。

针对目前设施农业用地存在的问题，应从以下几方面出发，完善设施农业用地管理办法。首先，将设施农用地全部按农用地管理，坚持农地农用。其次，界定生产设施用地和附属设施用地范围。另外，明确设施农用地管理方式。再次，坚持设施农用地由县级政府审核。最后，规定设施农用地"三不得、三禁止"，即不得改变土地用途，禁止擅自或变相将设施农用地用于其他非农建设；不得超过用地标准，禁止擅自扩大设施用地规模或通过分次申报用地变相扩大设施用地规模；不得改变直接从事或服务

---

① 张红宇：《加快推动中国特色乡村产业振兴》，《农村经营管理》2018 年第 6 期。
② 张建刚：《新时代乡村振兴战略实施路径——产业振兴》，《经济研究参考》2018 年第 13 期。

于农业生产的设施性质，禁止擅自将设施用于其他经营。①

2019 年 9 月，为了进一步加强设施农用地管理，促进设施农业健康有序发展，山东省济宁市出台了设施农用地长效监管机制方法。② 首先，明确了设施农用地监管范围，根据设施农用地特点，从有利于规范管理出发，将设施农用地具体分为生产设施用地、附属设施用地以及配套设施用地。其次，严格控制设施农用地的规模，设施农业建设应尽量利用荒山荒坡、滩涂等未利用地和低效限制的土地，不占或少占耕地。再次，严格控制设施农用地备案条件，土地流转必须签订农村土地承包经营权转包合同等；另外，加强设施农用地备案建设，设施农业项目用地备案后，由所属乡镇（街道）监督用地单位的项目建设和利用。最后，强化设施农用地的监管措施，县级自然资源主管部门和农业农村部门会同乡镇政府将设施农业用地纳入日常管理，加强监督和管理。

第六节　健全人才保障机制

乡村产业振兴离不开人才。为进一步促进乡村经济的发展，政府首先要延伸创业扶持政策，引导人才入乡办厂；其次，要加大对农民的技能培训，扩大职高对农村定向招生的人数；再次，要深化农业系列职称制度改革，开展面向农技推广人员的评审；最后，支持科技人员以科技成果入股农业企业，以科技促进农业产业的发展。

---

① 周怀龙：《支持设施农业发展完善用地管理政策——国土资源部耕保司负责人就〈关于完善设施农用地管理有关问题的通知〉答记者问》，《国土资源》2010 年第 10 期。

② 济宁市自然资源和规划局：《济宁市出台设施农用地长效监管机制方法》，2019 年 9 月 6 日，见 http://www.rencheng.gov.cn/art/2019/9/12/art_428_160562.html。

一、引导人才入乡办厂

人才是引领发展的第一要素。要实现乡村振兴，离不开人才的支持。但是，乡村人力资源不足已经成为制约乡村发展的突出"瓶颈"。随着城市化进程的加快，我国许多青壮年劳动力和高学历人才进入城市，农村老龄化加快，人口素质较低，农村的技术、管理和经营人才匮乏；加之，我国特殊的经济发展形势，东部和西部、城市和农村的经济发展差距大，从而导致农村的基础设施水平、教育水平等非常落后。因此，大量的农村青壮年劳动力纷纷向东部沿海城市转移就业，留在农村的大多是妇女、儿童和老人，由于文化水平低，导致了农村务农人员职业素质整体下降。[①] 同时，由于农村无论是在基础设施、就业机会、教育条件还是娱乐条件等方面都与城市有较大的差距，因此农村还面临着吸引不了人才的困境。农村留不住人才，也吸引不了人才，导致了农村人力资源"空心化"，这是乡村振兴急需解决的问题。

国家应该在政策层面对农村产业发展给予倾斜，积极支持各类创业扶持政策向农业农村延伸、覆盖，在土地、税收、资金等方面给予大量的补偿和优惠，引导各类人才回乡创业办厂。例如，湖北省坚持多元投资扶贫产业，首先，争取中央、省级支农专项资金向大别山片区 8 个贫困县倾斜，在 2016—2018 年安排支农投入 25 亿元；其次，指导湖北省农业担保公司在黄冈、孝感等 15 个市、县建立分支机构，业务覆盖大别山片区 8 个贫困县，累计为小微新型经营主体开展业务 313 比，放贷近 2.8 亿元；同时，各级保险机构在贫困地区创新推出政银保、财银保等 30 多个扶贫保险产品，已覆盖大别山片区 90% 以上的贫困村，支付赔款近 1 亿元，

---

① 于冲浪等：《长春市乡村产业振兴发展对策》，《资政研究》2018 年第 5 期。

培育规模以上龙头企业 403 家，带动 3.8 万户 12 万人脱贫。

二、加大对农民的技能培训

教育是阻断贫困代际传递的根源性措施，也是实现脱贫攻坚和乡村振兴的根本途径，只有加强对贫困人员的思想教育和文化、技能教育，才能巩固脱贫攻坚的成果，为乡村振兴打下坚实的基础。农村基本义务教育是根本，在普及义务教育、保证所有学龄儿童不因家庭困难而上不起学以外，还要大力推动职业技术学校的发展，扩大职业技术学校在农村定向招生的数量，保证每一个贫困户都有一技之长，可以通过自身的努力摆脱贫困。同时，还要加大对农民的技能培训，增强农业产业的抗风险能力。

习近平总书记在党的十九大报告中指出，要培养造就一支懂农业、爱农村、爱农民的"三农"工作队伍，这支队伍中最重要的组成部分就是农民。要实现乡村产业振兴，除了要吸引一定的人才之外，主要还是靠农民，要加大对农民的教育培育力度。首先，要让懂农业、爱农村、爱农民的"三农"学者深入农村，为农民定期开展农业知识普及和技能培训，同时还要深入田间地头对农民进行手把手教学。其次，要加强农业院校（尤其是高等院校）与农村职业技术学校的有效衔接，保证农民可以自由进入农村职业院校进行学习。最后，要加强农业知识的考核，保证每一个农民都能掌握合格的农业知识。①

例如，安徽金寨职业学校是全国人大对口帮扶金寨县实施的"5+1"项目单位，学校始终坚持以教育脱贫统揽建设发展，倾力投身脱贫攻坚主战场。在校生中 95% 来自山区、库区，其中 22% 来自建档立卡贫困户。

---

① 陈龙：《新时代中国特色乡村振兴战略探究》，《西北农林科技大学学报》（社会科学版）2018 年第 3 期。

2017 年、2018 年两届毕业生共 3804 人，其中升学 1619 人，就业 2185 人，对口就业率超过 95%，月薪普遍达到 3000 元以上，实现了"职教一人，就业一人，脱贫一户"的目标。同时，学校已成为县内职业技能培训的主要基地，办学以来，按照"一户一人一技"要求，已成功举办新型职业农民等各类职业技能培训 44552 人次，其中培训贫困人口 15235 人次，占培训总人数的 34%，技能鉴定 13799 人次。①

三、深化农业系列职称制度改革

21 世纪以来，"三农"问题始终是全党工作的重中之重，习近平总书记在党的十九大报告中提出："农业农村农民问题是关系国计民生的根本性问题，必须始终把解决好'三农'问题作为全党工作重中之重，要坚持农业农村优先发展，按照产业兴旺、生态宜居、乡风文明、治理有效、生活富裕的总要求，建立健全城乡融合发展体制机制和政策体系，加快推进农业农村现代化。"解决"三农"问题，根本性的措施就是大力发展科技，培养新型农业现代化人才，科技兴农、人才兴农。农业职称是一项具有评价、使用、激励农业技术人才等功能的人事制度，对于培养新型的农业现代化人才，实现乡村振兴具有非常重要的战略地位。

1986 年，我国进行农业职称改革，实行专业技术职务聘任制度。但是，由于对外开放政策以及科技兴国、人才强国战略的实施，2003 年，国务院提出在人才评价和使用的基础上建立以能力和业绩为导向、科学的社会化评价机制；2004 年，农业部认为，凡是有一技之长，能带领大家致富、带动农村经济增长和社会进步的都是人才。随着社会经济的发展，特

---

① 汪乔：《安徽今年有望实现贫困县全部摘帽、贫困村全部出列 贫困人口下降至 10 万人左右》，2019 年 11 月 27 日，见 http://www.anhuinews.com/。

别是用人和分配制度的改革，农业职称由原来的以职务聘任为主转向建立科学的、多层次的、规范的资格评价和职务聘任制度。因此，深化农业系列职称制度改革，开展面向农业技术推广人员的评审工作，对于农业农村的发展具有十分重要的意义。

为了更好地建设一支"懂农业、爱农村、爱农民"的工作队伍，2019年5月10日，四川省出台了《关于进一步完善农业系列职称制度的意见》①，该意见提出，首先，要树牢评价标准，加大爱岗敬业、服务乡村振兴、扎根基层表现的评价权重。其次，要有鲜明的评价导向，鼓励人才服务基层；另外，要下放职称评审权限，将农业系列副高职称资格评审权逐步下放到符合条件的市，评审结果由人社部门复核并发文办证。再次，推行基层职称制度，建立农业系列职称基层"定向评价、定向使用"职称制度。最后，推进职称制度和用人制度有效衔接，完善农业系列职称竞争上岗机制，逐渐打破聘任"终身制"。

四、支持科技人员以科技成果入股农业企业

当前，我国农业企业的发展仍然存在很多不足。从自身的产业特性来看，农业是一个弱势产业，单纯靠自身的发展是十分困难的，同时，农业极易受地理环境、自然灾害等影响，抗风险能力较差，一旦出现极端恶劣天气，农业企业极有可能血本无归。另外，我国是一个传统的农业大国，农村人口较多，传统农业的竞争力较差，农民很难依靠传统农业发家致富。传统农业仍然以第一产业为主，只是进行简单的初级产品的生产，农业产品的附加值较低，尚未形成一个完整的产业链。因此，要实现农业的

① 四川省农业农村厅：《关于进一步完善农业系列职称制度的意见》，2019年5月，见 http://scnongye.scol.com.cn/web/images/14nw_r3_c1.jpg。

振兴，在挖掘农业自身的潜力、延长农业产业链的同时，外部的支援必不可少。

2019 年 4 月，《中共中央 国务院关于建立健全城乡融合发展体制机制和政策体系的意见》[①] 指出，要建立科技成果入乡转化机制，健全涉农技术创新市场导向机制和产、学、研、用合作机制，鼓励创建技术转移机构和技术服务网络，建立科研人员到乡村兼职和离岗创业制度，探索其在涉农企业技术入股、兼职兼薪机制。建立健全农业科研成果产权制度，赋予科研人员科技成果所有权。发挥政府引导推动作用，建立有利于涉农科研成果转化推广的激励机制与利益分享机制。探索公益性和经营性农业技术推广融合发展机制，允许农业技术人员通过提供增值服务合理取酬。

要实现农业的振兴，就要对农业产品进行深加工，延长农业产业链，生产具有特色的农业产品，增加农产品的附加值。支持科技人员以科技成果入股农业企业，建立健全科研人员校企、院企共建双聘共建机制，实行股权分红等激励机制。第一，可以增强传统农业的抗风险能力；第二，可以优化调整农业结构，延长农业产业链，发展农产品的深加工，提升农产品的附加值；第三，可以发展农业的生产性服务，加快促进农业与第一产业、第二产业的融合发展；第四，可以发展农业新型业态，将"互联网＋"技术应用于农业的生产、经营、管理和服务之中，增强农业产业的科学管理。

---

① 《中共中央 国务院关于建立健全城乡融合发展体制机制和政策体系的意见》，2019年 4 月 15 日，见 http://www.gov.cn/gongbao/content/2019/content_5392288.htm。

参考文献

一、政策文件

1. 《关于全面深化农村改革加快推进农业现代化的若干意见》，中共中央办公厅、国务院办公厅印发，2014 年 1 月 19 日。

2. 《关于打赢脱贫攻坚战的决定》，中共中央办公厅、国务院办公厅印发，2015 年 11 月 29 日。

3. 《关于打赢脱贫攻坚战三年行动的指导意见》，中共中央办公厅、国务院办公厅印发，2018 年 8 月 20 日。

4. 《关于鼓励县域法人金融机构将新增存款一定比例用于当地贷款的考核办法（试行）》，中国人民银行、中国银行业监督管理委员会印发，2010 年 9 月 28 日。

5. 《关于加快构建政策体系培育新型农业经营主体的意见》，中共中央办公厅、国务院办公厅印发，2017 年 5 月 31 日。

6. 《关于加强村庄规划促进乡村振兴的指导意见》，自然资源部办公厅印发，2019 年 6 月 8 日。

7. 《关于建立健全城乡融合发展体制机制和政策体系的意见》，中共中央办公厅、国务院办公厅印发，2019 年 4 月 15 日。

8. 《关于建立统一的绿色产品标准、认证、标识体系的意见》，国务院办公厅印发，2016 年 12 月 7 日。

9. 《关于进一步规范地方政府举债融资行为的通知》，北京市财政部发展改革委、司法部、人民银行、银监会、证监会印发，2017 年 7 月 6 日。

10.《关于进一步加大就业扶贫政策支持力度着力提高劳务组织化程度的通知》，人力资源社会保障部、财务部印发，2018 年 8 月 8 日。

11.《关于进一步完善农业系列职称制度的意见》，四川省农业农村厅印发，2019 年 5 月。

12.《关于落实发展新理念加快农业现代化实现全面小康目标的若干意见》，中共中央办公厅、国务院办公厅印发，2015 年 12 月 31 日。

13.《关于农村土地征收、集体经营性建设用地入市、宅基地制度改革试点工作的意见》，中共中央办公厅、国务院办公厅印发，2014 年 12 月 2 日。

14.《关于实施乡村振兴战略的意见》，中共中央办公厅、国务院办公厅印发，2018 年 2 月 4 日。

15.《关于完善农村土地所有权承包权经营权分置办法的意见》，中共中央办公厅、国务院办公厅印发，2016 年 10 月 30 日。

16.《关于做好地方政府专项债券发行及项目配套融资工作的通知》，中共中央办公厅、国务院办公厅印发，2019 年 6 月 10 日。

17.《国家标准化体系建设发展规划（2016-2020 年）》，国务院办公厅印发，2015 年 12 月 30 日。

18.《关于促进乡村产业振兴的指导意见》，国务院办公厅印发，2019 年 6 月 28 日。

19.《济宁市出台设施农用地长效监管机制方法》，济宁市自然资源和规划局印发，2019 年 9 月 6 日。

20.《自治区人力资源社会保障厅财政厅扶贫办关于进一步推进就业扶贫工作若干意见》，宁夏回族自治区人民政府印发，2018 年 6 月 11 日。

二、专著

1. 习近平：《决胜全面建成小康社会　夺取新时代中国特色社会主义伟大胜利——在中国共产党第十九次全国代表大会上的报告》，人民出版社 2017 年版。

2.《习近平扶贫论述摘编》，中央文献出版社 2015 年版。

3. ［日］速水佑次郎、神门善久：《农业经济论（新版）》，沈金虎等译，中国
　　农业出版社 2003 年版。

三、文章

1. 曹广忠、周一星：《论乡镇企业的集中布局——孙耿模式研究》，《经济地理》
　　1997 年第 1 期。

2. 曹慧、郭永田、刘景景、谭智心：《现代农业产业体系建设路径研究》，《华
　　中农业大学学报》（社会科学版）2017 年第 2 期。

3. 曹俊杰：《工业化、城镇化与农业现代化互动关系研究综述》，《山东理工大
　　学学报》（社会科学版）2012 年第 28 期。

4. 曹颖：《区域产业布局优化及理论依据分析》，《地理与地理信息科学》2005
　　年第 5 期。

5. 陈春生：《中国农户的演化逻辑与分类》，《农业经济问题》2007 年第 11 期。

6. 陈飞星、张增杰：《生态农业评价综述》，《中国生态农业学报》2001 年第
　　4 期。

7. 陈红川：《"互联网 +" 背景下现代农业发展路径研究》，《广东农业科学》
　　2015 年第 42 期。

8. 陈吉元：《正确处理农业产业化中的四个关系——为李纪恒著〈农业产业化
　　发展论〉所做的序言》，《中国农村经济》1998 年第 9 期。

9. 陈纪平：《组织视角的中国农业规模化问题分析》，《中国经济问题》2012 年
　　第 6 期。

10. 陈龙：《新时代中国特色乡村振兴战略探究》，《西北农林科技大学学报》（社
　　会科学版）2018 年第 3 期。

11. 戴孝悌：《产业链视角下的中国农业产业成长机制探析》，《世界农业》2013
　　年第 11 期。

12. 董宏林、王微：《各类农业经营主体的特征及家庭农场的比较优势》，《现代
　　农业科技》2015 年第 22 期。

13. 杜致敬、陈抒阳、张希昱：《乡村振兴背景下农民合作社产业发展现状分析：文献综述》，《成都行政学院学报》2018 年第 4 期。

14. 方承：《论乡镇企业微观布局的优化》，《农村金融研究》1990 年第 6 期。

15. 管前程：《乡村振兴背景下精准扶贫存在的问题与对策》，《中国行政管理》2018 年第 10 期。

16. 郭栋梁：《新型农业经营主体金融支持研究综述》，《湖北农业科学》2018 年第 1 期。

17. 韩长赋：《大力推进质量兴农绿水兴农加快实现农业高质量发展》，《甘肃农业》2018 年第 5 期。

18. 韩长赋：《新时期推进质量兴农的行动指南—农业农村部部长韩长赋解读〈国家质量兴农战略规划（2018—2022）〉》，《甘肃畜牧兽医》2019 年第 3 期。

19. 韩长赋：《乡村产业发展势头良好——国务院关于乡村产业发展情况的报告》，《中国合作经济》2019 年第 4 期。

20. 何绍辉：《协调推进脱贫攻坚与乡村振兴》，《人民日报》2018 年 12 月 24 日。

21. 黄泽烨：《河北省农业新业态发展研究》，《农业技术与装备》2019 年第 11 期。

22. 黄祖辉、俞宁：《新型农业经营主体：现状、约束与发展思路——以浙江省为例的分析》，《中国农村经济》2010 年第 10 期。

23. 姜长云：《龙头企业的引领和中坚作用不可替代》，《农业经济与管理》2019 年第 6 期。

24. 蒋永穆、刘涛：《中国现代农业产业体系构建：原则、目标、基本要求和模式》，《理论月刊》2011 年第 9 期。

25. 蒋永穆、王丰：《中国特色农产品安全：基本内涵、体系框架与政策措施》，《学海》2011 年第 3 期。

26. 李国祥：《实现乡村产业兴旺必须正确认识和处理的若干重大关系》，《中州学刊》2018 年第 1 期。

27. 李乾文：《日本的"一村一品"运动及其启示》，《世界农业》2005 年第 1 期。

28. 李泉：《中外城乡关系问题研究综述》，《甘肃社会科学》2005 年第 4 期。

29. 梁瑞华：《培育壮大农业新业态发展路径及对策研究》，《河南社会科学》2019 年第 3 期。

30. 梁伟军、易法海：《中国现代农业发展路径的产业融合理论解释》，《江西农业大学学报》（社会科学版）2009 年第 8 期。

31. 刘世锦：《产业集聚及其对经济发展的意义》，《改革》2003 年第 3 期。

32. 刘涛：《高质量发展下新型农业经营主体的培育对策研究》，《四川行政学院学报》2019 年第 5 期。

33. 刘永富：《不忘初心坚决打赢脱贫攻坚战——党的十八大以来脱贫攻坚的成就与经验》，《中国扶贫》2017 年第 6 期。

34. 罗鸣、才新义、李熙、逯汉宁、梁晶晶、孔双阳：《美国农业产业体系发展经验及其对中国的启示》，《世界农业》2019 年第 4 期。

35. 马恩成、蒋励、彭力、周森：《珠三角农村城镇化与农村经济建设》，《中国软科学》1995 年第 6 期。

36. 马剑梅、肖长东：《农业产业化与农村城镇化在农业经济发展中的互动》，《改革与战略》2017 年第 33 期。

37. 彭青秀：《基于农业产业链视角的农民专业合作社经营模式研究》，《河南农业大学学报》2016 年第 50 期。

38. 齐景发：《正确处理乡镇企业布局调整中的几个关系》，《乡镇经济》2002 年第 7 期。

39. 邱春林：《国外乡村振兴经验及其对中国乡村振兴战略实施的启示——以亚洲的韩国、日本为例》，《天津行政学院学报》2019 年第 21 期。

40. 屈小丽、谭晓鹏：《农业产业化中应处理好十个关系》，《中国统计》2001 年第 4 期。

41. 冉明权、李岩东：《农村工业化与城镇化同步发展的尝试——乡镇企业工业小区试验改革的工作报告》，《管理世界》1993 年第 3 期。

42. 省农业农村厅产品质量安全监管处：《农业农村部等部门印发〈国家质量兴农战略规划（2018—2022 年）〉》，《吉林农业》2019 年第 11 期。

43. 石磊：《寻求"另类"发展的范式——韩国新村运动与中国乡村建设》，《社会学研究》2004 年第 4 期。

44. 宋建朝：《立足新时代新形势新任务全面推进质量兴农绿水兴农品牌强农》，《农民日报》2018 年第 1 期。

45. 孙永胜、景丽、孙建军、冯晓：《支持新型农业经营主体发展的策略研究》，《天津农业科学》2018 年第 24 期。

46. 谭明交、向从武、王凤羽：《中国农业产业在乡村振兴中的转型升级路径》，《区域经济评论》2018 年第 4 期。

47. 王凤山：《农业产业化经营中的十大关系》，《经济经纬》2001 年第 3 期。

48. 王乐君、寇广增：《促进农村一二三产业融合发展的若干思考》，《农业经济问题》2017 年第 6 期。

49. 王乐君、寇广增、王斯烈：《构建新型农业经营主体与小农户利益联结机制》，《中国农业大学学报》(社会科学版) 2019 年第 2 期。

50. 王群会：《乡镇企业布局问题研究》，《经济研究参考》1993 年第 6 期。

51. 王陶涛、周梅：《农业社会资本投入与贫困减缓》，《金融发展研究》2018 年第 12 期。

52. 王卫平、陈荣耀：《从文化视角看自主品牌战略》，《中外企业文化》2006 年第 9 期。

53. 吴扬、王振波、徐建刚：《我国产业规划的研究进展与展望》，《现代城市研究》2008 年第 1 期。

54. 项光辉、毛其淋：《农村城镇化如何影响农业产业结构》，《广东财经大学学报》2016 年第 31 期。

55. 肖小虹：《中国农业产业链培育框架构建：原则、目标、主体和运行机制》，《贵州社会科学》2012 年第 11 期。

56. 谢玉梅、孟奕伶：《新型农业经营主体发展研究综述》，《江南大学学报》(人文社会科学版) 2015 年第 14 期。

57. 邢厚媛：《互利创造共赢　融合降低风险》，《中国经贸》2012 年第 15 期。

58. 严从怀:《略论乡镇企业的布局与农村城市化问题》,《乡镇企业研究》1995
    年第 11 期。

59. 杨建利、邢娇阳:《我国农村产业融合发展研究》,《中国农业资源与区划》
    2017 年第 9 期。

60. 杨钧:《中国新型城镇化发展对农业产业结构的影响》,《经济经纬》2016 年
    第 33 期。

61. 杨铁军:《基于乡村振兴的新型农业经营主体金融服务研究——以黑龙江省
    为例》,《商业经济》2018 年第 6 期。

62. 叶兴庆:《新时代中国乡村振兴战略论纲》,《改革》2018 年第 1 期。

63. 于冲浪等:《长春市乡村产业振兴发展对策》,《资政研究》2018 年第 5 期。

64. 于康震:《我国质量兴农推进方向及策略》,《农产品质量与安全》2019 年第
    2 期。

65. 张红宇:《加快推动中国特色乡村产业振兴》,《农村经营管理》2018 年第
    6 期。

66. 张建刚:《新时代乡村振兴战略实施路径——产业振兴》,《经济研究参考》
    2018 年第 13 期。

67. 张军:《发展现代农业要处理好六大关系》,《学习与探索》2014 年第 9 期。

68. 张雷、许黎莉、陈东平:《新型农业经营主体与农业产业链融资创新——以
    北芹蔬菜合作社为例》,《金融理论与实践》2017 年第 12 期。

69. 张磊、简小鹰、滕明雨:《农业产业化经营主体与农民关系构建研究——基
    于对贵州省安顺市现代农业发展的调查》,《技术经济与管理研究》2016 年第
    11 期。

70. 张雪娥:《当前我国农业科技创新能力的问题及出路》,《中共福建省委党校
    学报》2009 年第 4 期。

71. 长子中:《资本下乡需防止“公司替代农户”》,《红旗文稿》2012 年第 4 期。

72. 赵常兴、张洁、段瑞琴:《对农业产业化与城市化之间关系的解读》,《当代
    经济》2016 年第 4 期。

73. 赵冲、杨栎楠：《以田园综合体为载体推进乡村振兴战略》，《经济师》2019年第 8 期。

74. 赵民、孙斌栋：《经济发达地区的乡镇企业布局与小城镇发展》，《城市规划》1996 年第 5 期。

75. 赵兴泉、朱勇军：《关于实施农产品品牌战略的调查》，《浙江经济》2006 年第 4 期。

76. 郑伟：《农村城镇化与农业产业化联动性分析——以河南省为例》，《中国农业资源与区划》2016 年第 37 期。

77. 植凤寅：《如何促进县域金融机构新吸收存款主要用于当地》，《中国金融》2009 年第 10 期。

78. 周怀龙：《支持设施农业发展完善用地管理政策——国土资源部耕保司负责人就〈关于完善设施农用地管理有关问题的通知〉答记者问》，《国土资源》2010 年第 10 期。

79. 周镇宏：《"三化"联动谋划"三农"》，《理论前沿》2003 年第 14 期。

80. 周宗：《加快推进云南新型农业经营主体发展》，《中国财政》2014 年第 18 期。

81. 朱晓娟：《乡村产业振兴面临的挑战及其对策》，《经济日报》2019 年 8 月29 日。

82. 朱羿：《乡村振兴是精准扶贫的 2.0 版》，《中国社会科学报》2018 年 3 月 28 日。

四、学位论文

1. 郭学考：《成都市农业产业建设标准化研究》，博士学位论文，四川农业大学，2012 年。

2. 乐豪峰：《水利工程运行期标准化项目管理研究》，博士学位论文，浙江工业大学，2017 年。

3. 林兰：《泸州市农业标准化建设状况的调查与思考》，博士学位论文，西南交通大学，2011 年。

4. 田志宏、刘艺卓：《大力培育新型农业生产经营主体积极推进农业现代化建设》，《中国经济分析与展望（2012—2013）》，2013 年。

5. 熊明华：《浙江省发展农业标准化的对策研究》，博士学位论文，浙江大学，2004 年。

6. 张梓太：《论中国农业发展机制的生态化——兼论农业与生态环境关系原理》，《环境法治与建设和谐社会——2007 年全国环境资源法学研讨会（年会）论文集（第四册）》2007 年 8 月。

五、网络文章

1. 陈少婷编：《海南省农业厅联手企业设立"海南省乡村振兴发展基金"》，2018 年 7 月 24 日，见 http://www.hi.chinanews.com/hnnew/2018-07-24/467828.html。

2. 韩长赋：《农业部：大力推进质量兴农绿色兴农》，2018 年 2 月 9 日，见 http://www.gov.cn/xinwen/2018-02/09/content_5265144.htm。

3. 刘璐琳：《多举并措促进乡村产业振兴》，2019 年 8 月 13 日，见 http://www.rmlt.com.cn/2019/0813/554241.shtml。

4. 《湖北宜昌：强化资金投入保障全力支持乡村振兴》，2019 年 8 月 20 日，见 http://sannong.cctv.com/2019/08/20/ARTIxE0mBz8KJp3K6CuEZIyo190820.shtml。

5. 农业农村部新闻办公室：《促进乡村产业振兴带动农民多渠道增收——农业农村部乡村产业发展司司长曾衍德解读国务院〈关于促进乡村产业振兴的指导意见〉》，2019 年 7 月 3 日，见 http://www.moa.gov.cn/xw/zwdt/201907/t20190703_6320222.htm。

6. 乔金亮：《乡村产业振兴关键在融合》，2019 年 7 月 9 日，见 https://baijiahao.baidu.com/s?id=1638531891516116646&wfr=spider&for=pc。

7. 邱丽芳编：《中央农村工作会议在京召开　习近平对做好"三农"工作作出重要指示》，2019 年 12 月 21 日，见 http://m.xinhuanet.com/2019-12/21/c_1125373173.htm。

8. 汪乔：《安徽今年有望实现贫困县全部摘帽、贫困村全部出列贫困人口下降至10万人左右》，2019年11月27日，见 http://www.anhuinews.com/。

9. 余欣荣：《大力促进农村一二三产业融合发展》，2018年04月27日，见 http://www.rmlt.com.cn/2018/0427/517734.shtml。

10. 张绍敏编：《对乡村产业发展情况报告的意见和建议》，2019年5月14日，见 http://www.npc.gov.cn/npc/c22242/201905/4d6850f8fae140518ac5029e6783d80c.shtml。

11. 张玉香：《坚持质量兴农、绿色兴农、品牌强农全面推进实施乡村振兴战略》，2018年3月15日，见 http://www.gov.cn/xinwen/2018-03/15/content_5274524.htm。

六、外文文献

1. Bosworth, Barry & Collins, Susan, M., "United States-China trade：where are the exports?", *Journal of Chinese Economic and Business Studies*, Vol.6, No.1, 2008.

2. Burak, S., Doğan, E. & Gazioğlu, C., "Impact of Urbanization and Tourism on Coastal Environment", *Ocean & Coastal Management*, Vol.47, No.9-10, 2004.

3. Han, Seung-Mi, "The New Community Movement：Park Chung Hee and the Making of State Populism in Korea", *Pacific Affairs*, Vol.77, No.1, 2004.

4. McMillan, M., Rodrik, D. & Verduzco-Gallo, Íñigo, "Globalization, Structural Change, and Productivity Growth, with an Update on Africa", *World Development*, Vol.63, 2014.

5. Schultz, T. W., *Transforming traditional agriculture*, New Haven CT：Yale University Press, 1964.

6. Wu Junjie, Fisher, Monica & Pascual, Unai, "Urbanization and the Viability of Local Agriculture Economies", *Land Economies*, Vol.87, No.1, 2011.

后　记

　　本书是脱贫攻坚与乡村振兴衔接研究丛书中的产业篇，是研究团队分工合作的结果。

　　全书由刘杰设计框架、制定提纲、审稿及定稿。各部分内容研究及撰写分工如下：第一章由刘杰、莫希建撰写；第二章由刘杰、刘诗璇撰写；第三章由刘杰、刘泽伟撰写；第四章由葛芳撰写；第五章由沐贤桐撰写；第六章由王纯撰写；第七章由沐贤桐、晋洋洋撰写。

　　国务院扶贫办中国扶贫发展中心主任黄承伟教授亲自参与设计书稿提纲，对书稿初稿进行了通读并提出了修改意见。中国地质大学（武汉）李海金教授、华中农业大学袁泉副教授通读书稿初稿，并提出宝贵修改意见。吉林大学哲学社会学院院长田毅鹏教授、北京大学反贫困发展研究院院长雷明教授通读书稿，并为书稿撰写了推荐语。戴丹、千泽杰、幸萍楠在书稿的统稿和格式修订方面作出了重要贡献。

　　人民出版社为本书出版提供了有力支持，在此向为本书出版付出辛勤劳动的各位编辑表示衷心的感谢与敬意。

刘　杰

2020 年 2 月 5 日

丛书策划：蒋茂凝　辛广伟

编辑统筹：刘智宏

责任编辑：苏向平

特约编辑：张　博

装帧设计：周方亚

图书在版编目（CIP）数据

脱贫攻坚与乡村振兴衔接．产业 / 中国扶贫发展中心，全国扶贫宣传教育中心组织
　编写；刘杰等著．—北京：人民出版社，2020.11

（脱贫攻坚与乡村振兴衔接研究丛书）

ISBN 978－7－01－022199－1

Ⅰ．①脱…　Ⅱ．①中…②全…③刘…　Ⅲ．①农村—社会主义建设—研究—中国
　②农村经济—产业发展—研究—中国　Ⅳ．① F320.3 ② F323

中国版本图书馆 CIP 数据核字（2020）第 099487 号

脱贫攻坚与乡村振兴衔接：产业

TUOPIN GONGJIAN YU XIANGCUN ZHENXING XIANJIE：CHANYE

中国扶贫发展中心　全国扶贫宣传教育中心 组织编写

刘　杰 等著

人民出版社 出版发行

（100706　北京市东城区隆福寺街 99 号）

中煤（北京）印务有限公司印刷　新华书店经销

2020 年 11 月第 1 版　2020 年 11 月北京第 1 次印刷
开本：710 毫米 × 1000 毫米　1/16　印张：13.25
字数：170 千字

ISBN 978－7－01－022199－1　定价：48.00 元

邮购地址 100706　北京市东城区隆福寺街 99 号
人民东方图书销售中心　电话（010）65250042　65289539